Johannes Wiest

Wear hett ieatz au des denkt?

Schwäbische Mundart Gedichte

Johannes Wiest

Wear hett ieatz au des denkt?

Schwäbische Mundart Gedichte

Lachhaft, hendrsennig,
kritisch ond hoimelig

Eine Zusammenstellung
neuer und häufig nachgefragter Werke

Mit Bilder und Fotos
von Barbara-Karin und Johannes Wiest

1. Auflage 2009

Idee und Text: Johannes Wiest
Bild/Cover-Vorderseite: Aquarell von Barbara Karin Wiest
Haustüre alter Pfarrhof in Tannheim –
ältestes Gebäude im Illertal
Bilder/Innenteil: Barbara u. Johannes Wiest
Foto/Cover-Rückseite: Barbara Wiest

Für **HORLAU**-Verlag
Johannes Wiest, Am Zollsteig 28, 87700 Memmingen
Tel.: 08331-2991 / Mobil: 0160-926 77472
Fax: 08331-982 551 / E-Mail: johs.wiest@t-online.de
Internet: www.johannes-wiest.de

Artikel-Nr. HBV 0008

ISBN 978-3-927003-52-1

Inhaltsverzeichnis

Schwoaba-Leit em Trachta-Häs
Vatter, Muetter, Kend,
send wia gueter Backschtoi-Käs
kulturell koi Send

Familie in Tracht nach einem Aquarell von Barbara-Karin Wiest

Schwoaba send joa au bloß Leit
A Rass wia's it a Zwoite geit

Sott oiner so noit aufklärt sei,
kennt des Buach a A'fang sei

A bizle zoiget dear V'rsuach
dass dia Rass koi beeser Fluach

D'rom due leasa, a weng schmonzla,
´s G'sicht vrziah, au wenn's geit Ronzla

Ond Lacha, ´s isch vielleicht a Grond,
isch, wiea jeder woiß, doch g'sond

Vorwort

Muttersprache und Mundart ist Herzenssache und kein Grund diese schamhaft zu vertuschen in der Annahme sie wäre etwas Minderwertiges. Es ist dies die Ur-Sprache jedes Menschen, erlernt von seinen Eltern, und verdient deshalb geschätzt und geachtet zu werden. Auch wenn von uns im Alltag häufig ein gepflegtes Schriftdeutsch erwartet wird, vor allen Dingen auch im Geschäftsleben, und wir uns einer Sprache bedienen müssen die allgemein verständlich ist. Herausgebildet hat sich hierbei zwar leider auch in unserer globalisierten und technisierten Welt zusätzlich in heutiger Zeit das sogenannte "Denglisch". Eine Mischung aus Schriftdeutsch und Englisch. Ein oft lächerliches Kauderwelsch. Schon deshalb sollten wir unsere Muttersprache als ein liebenswertes Kulturgut nicht leichtsinnig geringschätzen und verspielen. Es wäre ein Armutszeugnis! Alle Völker dieser Erde hegen und pflegen ihre jeweiligen Sprachen und Dialekte und sind stolz darauf. Es ist mir deshalb ein Anliegen unserem Dialekt das Wort zu reden. Ich habe mich bemüht einen Querschnitt an Geschichten, mal heiterer mal ernsterer Natur zu schreiben um Sie zum Lachen, aber auch manchmal zum Nachdenken anzuregen. Natürlich, so wie mir der Schnabel gewachsen ist in meiner Schwäbischen-, genauer gesagt, in meiner Mittel-Illertaler Mundart.

Ich hoffe, ich kann Sie damit ein bisschen erfreuen.

Herzlichst
Ihr "Illertal-Poet"
Johannes Wiest

Mit einem Gedicht über Sprache und Dialekt meiner Heimat möchte ich dieses Buch beginnen.

Mei Hoimetschproach

Wear des Land a bizle kennt,
des ih mei Hoimet nenn,
Dörfla, Schtädtla, wiea se send,
ond eaba d' Leit a weng,
der begreift g'wieß au doanoach
mei Illerdaler Hoimetschproach.

Hald eaba zemle kantig, rauh,
ond it so fei ond g'schliffa.
Eaba so, wiea 's Land hald au,
so hau ih des begriffa.
Ehrlich, schtark ond au direkt!
Ond so isch au mei Dialekt.

Wiea's Illerdal em Schwoabaland,
wo ih dereinscht geboara.
Drom be mit Boide ih vrwandt,
hau d' Bendong nia vrlora.
Ih be a Kend vom Schwoabaland.
Gott, schütze du mei Hoimetland.

Moit au dr Oi ond Andr,
d' Schproach alloi macht's it.
Sag ih doa all mit'nander:
Dr Schtolz alloi schpielt mit.

Em Schwäbischa so ganz alloi,
fiehl ih mi wohl ond fit.
Hochdeitsch schwätza, wiea i moi,
macht mei Herz it mit.

Mundart und Dialekt ist Herzenssache und kein Grund diese schamhaft zu vertuschen. Sie ist wichtiger Teil unserer Kultur und sollte deshalb gepflegt werden.

Dialekt

A jede Hitte hoat sei Wenkl,
a jedes Haus sein Architekt.
A jede Sippe seine Schlenkl,
ond jedes Gai sein Dialekt.

Dialekt so farbig ond
so konterbont durwoba,
wiea Fleacklesteppich bont
so grad au bei eis Schwoaba.

Schproach ond Dialekt alloi
füer Herz ond Seel' a Freid.
Schtolz zoigt jeder, wiea ih moi,
wear Dialekt schwätzt heit.

Ond was gwaxa, lang vrdraut,
Joahr ond Da au gschwätzt,
o'a'gnehm nia Wort ond Laut,
dr Dialekt wiead g'schätzt.

Ond wenn dr Dialekt vrreckt,
vrreckt a Schtuck Kultur,
ond bloß dr Dialekt au weckt
vo Hoimetg'füehl a Schpur.

Ond d' Hoimet, seall isch sicher gwieß,
sieht jeder doch als Paradies.

Höflichkeit im Umgang mit Menschen sollte selbstverständlich sein. Dabei darf der Einheimische durchaus schon an seiner Grußformel erkennbar sein.

Grüeß Gott ond Pfüe Gott

Isch oiner au koi Frohnatur,
ond raubauzig em Weasa,
sott 'r doch, wenn er it schtur,
's Grüeßa it vrgeassa.

Ond wenn oiner Oin drifft,
oder goaht oimets nei,
wear 's Sitte ond Brauch
au freindle zom sei.

Grüeß Gott, ond Pfüe Gott,
sott a Schwoab sa,
am Morga ond z' Oabet,
ond genauso z' Mitta.

Habe di Ehre, au Servus,
loat ma zwar gealta.
Doch doa en dr Gegend,
hearsch's eher sealta.

Doch Tschüss ond Hallo,
vielleicht gar Bye-Bye,
des woiß ih als Schwoab,
passt it reacht en's Gai.

Wenn oiner so schwätzt,
grad doa rom bei eis,
noach ka's doch bloß sei,
vo Berlin ra a Preiß.

So hau ih z'earscht g'moit,
wiea domm ih no war.
Heit woiß ih Bescheid,
dass geit au a paar

so Leit doa vom Gai,
wo schempfet sich Schwoab,
saget: Tschüss ond Bye-Bye.
Wiea herzlos ond grob!

Ond moit ebber au no
Tschüss sei modern,
hoat's Hira koin Do.
A Send vor'm Herrn!

Dond uier Schwäbisch,
möcht ih drom klaga,
doch hega ond pfleaga,
ond land Ui doch saga:

"Grüeß Gott", ond "Pfüe Gott",
g'heart bloß doaher!
B'sennet ui doch!
'S isch doch it schwer!

Schtolz vrlangt 's Land,
ond au eiser Schproach!
Zoiget Vrschtand,
ond handlet doanoach!

Schwätz wiea a Schwoab,
ond it wiea a Preiß!
Ond denk doch du Klob:
Dia Schproach g'heart zua eis.

Ond bloß iebr d' Schproach,
fendt ma zom Herz.
Geng's ieber's Fiedla,
wear's gwieß a Scherz.

Wer den Schwäbischen Dialekt wirklich kennt, weiß, dass der Schwäbische Gruß meist nicht abwertend gemeint ist.

Dr Schwäbische Gruaß

Dr Schwäbische Gruaß:
„Leck mi am Asch",
koi Zwang it sei muaß,
ond au koi Blamasch!

Wenn doch ebber moit
des sei it scharmant,
kennt'r da Schwoab it
ond hoat koin Vrschtand.

Zwar rauh, aber herzlich,
doch gar nia drneaba,
ond it irger schmerzlich,
als wenn's hoißa dät eaba:
"Leck mi am Fiedla"!
Wiea manche vrniedla.*

A Schwoab ond a Preiß
send hald zwoierloi Leit,
ond wiea jeder au woiß
isch guet, dass des geit.

(* *verniedlichen.*)

Marktplatz mit Rathaus, Steuerhaus und Großzunft der Stadt Memmingen - nach einem Aquarell von Barbara-Karin Wiest

Eine Hommage an meine Heimat-Stadt Memmingen

Grüeß de Gott Schtädtle

Ja grüeß de Gott Schtädtle,
ja grüeß de Gott Mau,
ih grüeß ui ihr Memmenger,
ui Schwoaba-Leit au.

Wenn ih mi so omlueg,
wiea isch's mir vrdraut,
wiea d' Hoimet hald eaba,
ih hoff, ´s isch erlaubt.

Diea Dörla ond Türmla,
zua Schutz ond zua Trutz,
des Bächle, diea Plätzle,
diea eis send zua Nutz.

Vom „Mate“ zom „Josef“
zua „Eisere Fraua“,
wear wiea ih schtolz druff,
ka’s leicht iebrschaua.

Marktplatz mit Roathaus,
´s Wohnzimmer eaba,
´s Kunschthaus, ´s Theater,
wiea d’Schranna drneaba.

Rossmarkt ond Wei’markt,
samt Hallhof noit g’nua,
´s Bah’höfle, d’ “Maxi”,
´s ganz Schtädtle d’zua.

Ma mueß ui doch mega,
mei Schtädtle, ui Leit,
vo mir meinetweaga,
soll’s sei so allzeit.

Lachen ist nachgewiesenermaßen gesund und hilft nicht nur der Psyche, sondern oft auch über manches Unheil hinweg.

Leit, vrgeasset au it 's Lacha!

Leit, vrgeasset au it 's Lacha!
Dond a Freid ui sealber macha!
'S geit viel Sacha diea oim gfallet.
Selbscht diea Dökter saget allet:
Lacha isch füer jeden gsond,
egal ob reich, ob armer Hond.

Jeder kriat a anders Gmüet,
wenn au 's G'sicht a Lachfalt ziaht.
Liaber möcht ma Falta seah,
als bloß Hoar uff alle Zäh.

Saure G'sichter brenget eaba,
oft au O'glick en a Leaba.
Lacha isch 's bescht Elexier,
ond hilft oft gega Magagschwür.

Wenn au manches it zom Lacha,
was ma sieht ond was ma heart.
Es ändert bloß nix an viel Sacha.
'S Lacha drom au doa it schteart.

Drom sei g'scheid ond zoig Humor,
ond lass dir all's it so weit nei.
Em Leaba kommt so manches vor,
ond 's Leaba isch so schneall vrbei.

Lass dei Herz, dei Seel' it leida.
Due koi draurigs Pfändle macha.
Due liaber moal di seall beneida,
wenn duet di begleita 's Lacha.

Leib ond Seel' wiead it so gschonda,
ond schnealler goaht dr Schmerz dahin,
wenn gschlaga wearet dir moal Wonda,
weil, Lacha wirkt wiea Medizin.

Ond außerdeam, mei liaber Schwoab,
vielleicht sott'sch des bedenka,
´s Lacha koscht' koi Geald gottlob,
was dir sonscht dät g'wieß schtenka.

Spass, Humor und Lebensfreude sind oft Garant für manch witzig, heitere Erlebnisse ganz unfreiwilliger Art, wie nachstehendes Gedicht beweist.

Kroisvrkehr

Neilich war ih ondrweags.
Schoafkopf g'schpielt, wiea ih no woiß.
Pfondig war 's, so wiea sich 's g'heart.
Be g'hocket so bis nachts om Ois.

Wiea ih noach hoi gang mit mei'm Rad,
a weng en Surre scho em G'sicht,
doa denk ih no: Sei ieatz bloß schtaad!
Dass koiner sieht, fährsch ohne Liacht.

Noach hock ih uff mei Fahrrad 'nauf,
ond mirk au scho a weng 's Malheur.
Fahr 'na an d' Iller, ond meh rauf.
Hau denkt: Ih mueß zom Kroisvrkehr!

Ih fahr ond fahr ond komm it hoi.
So lang ka doch der Weag it sei.
Es isch doch bald scho om de Zwoi.
Mei Weib loat mi g'wieß nomma nei.

Uff oimoal schreit doa ebber laut:
"Wenn 's di it bald vom Rad 'na haut,
noach wiead 's füer di bald schwer.
Du fährsch all om da Kroisvrkehr!"

A Rausch macht oin tatsächlich blend,
sodass ma nomma d' Richtong kennt.
Ma duet en Zuig, isch ganz benomma,
doch ohne dät ma was vrsoma.

Wenig im Leben ist so ganz einfach und mancher Ärger und Stress fängt oft schon in der Kindheit an.

Alltagsstress

Kaum drennsch du di vom Muetterschoß,
goaht au der Alltagsschtress scho los.

Au wenn du kennsch als Kend koi Luscht,
druckt ma di an d' Muetterbruscht.

Doch hoasch du an diea Freid di g'wöhnt,
isch dir d' Luscht doch it lang gönnt.

Noach geit ma dir viel Zuig zom schpiela,
ond geit acht, dass duesch it schiela.

Ond hoasch Schpass am Leaba g'fonda,
sollesch au scho d' Wealt erkonda.

Ond ma geit dir zom vrschtauh,
en Kendergata soll'sch z'earscht gauh,

Kaum hoasch 'naus en d' Wealt du blickt,
wiasch au scho en d' Schual du g'schickt.

Ma will dir Schreiba, Reachna lehra.
'S Ergebnis schtoaht oft en Schteara.

Isch des endlich au noach g'schafft,
mit viel Müeh ond letzschder Kraft,

noach soll'sch no learna en Beruaf,
weil Gott dr Herr des Handwerk schuf.

Schaffa sollesch, Geald vrdeana,
ond di an dean Schtress gewöhna.

Als Schwoab vielleicht a Heisla baua,
schpara ond koi Geald vrsaua.

Ond learnesch no a Liabschaft kenna,
dond 's de glei zur Hochzeit drenga.

Tatkraft ond Entschluss soll'sch zoiga.
Liebe macha, Kender zeiga.

Bevormundet wiasch schtändig eaba,
koi Schpur vo sorglos freiem Leaba.

Ond oigaschtändig, liberal,
bloß Gerede ond banal.

Dr Schtaat dritt auf als Sklavahalter,
vo dr Kendheit bis en 's Alter.

Vrbota wiead was schea ond guet,
bis dir Schpass vrgoaht ond Muet.

Derzeit Tabakrauch ond Alkohol,
ond's Autofahra au bald wohl.

Ond ´s Eassa, weil es Oi mach fett.
De oizig Freid. A richtig's G'frett!

G'setz ond Ordnung sollsch ei'halta,
Schteira zahla, 's Maul bloß halta.

Wähla soll'sch, bloß nix beschtemma,
bis da d' Scheiße kriasch ond 's Gremma.

So goaht 's joahraus, ond au joahrei.
A zemle arma Sau bisch fei.

Ond viele Joahr währt so a Los.
Hoasch Pech, wiasch au no arbeitslos.

Ond hoasch am End dr Arbeitswealt,
zur Rente noach en A'trag g'schtellt,

ond du glaubsch, 's wiead ebbes leichter,
schpüersch scho nuie Lebensgeischter,

weit isch g'fehlt, es wiead it besser,
's Weib vielleicht bloß alldag kesser.

Glaubt, du hättesch Zeit ieatz g'nua,
ond hilft dr öfter nei en d' Schuah.

Kender sollesch schtändig healfa.
Schtressig oft bis nachts om Zwölfa.

Füer Verei soll'sch oft was macha.
'S bleibt koi Zeit füer oig'ne Sacha.

Schtändig wiasch du g'hetzt ond quält,
als ob füer di nix andres zählt.

So goaht 's bis an 's End vom Leaba.
Bis en 's Grab kommsch doa drweaga.

Dr Alltagsschtress der zehrt ond zehrt,
bis als Mensch wiasch müed ond äad,

ond denksck: Wenn 's Leaba so a Los,
bleib nägschdens ih em Muetterschoß.

Obwohl jeder Mensch gleich ist, ist letztlich der Unterschied unter den Menschen manchmal groß.

Dr Lauf dr Wealt

Dr Oi, wenn kommt als Kend uff d' Wealt,
schreit scho ganz früeh hier.
Dr Andr daugt it reacht zom Held,
scheniert sich doa drfier.

Dr Oi, der ruckt se früeh en's Liacht,
schtellt sich en Mitt'lponkt.
Em Schatta dr Andr sich vrkriacht,
wo koi Sonna richtig fonkt.

Dr Oi, der hoat viel Guet ond Geald,
der Andr der hoat nix.
D' Wealt, diea so it jedem g'fellt,
scheart sich doa om nix.

Dr Oi kriat all's em Iebrfluss,
es fliagt'm oifach zua.
Dr Andr kennt bloß Wealtvrdruss,
emmer viel ond g'nua.

Dr Oi isch g'segnet reich mit Glick,
es goaht'm nix drneaba.
Beim Andra ziaht's da Asch zurick,
macht Platz fier's O'glick eaba.

Em Oina fliagt a Liabschaft zua,
er woiß seall it woarom.
Dr Andr müeht sich grad so gnua,
doch nix kommt doa en Schwong.

Dr Oi zoigt Hoffnong, Zuavrsicht,
egal wia d' Wealt sich dreht.
Dr Andr Zoara bloß em G'sicht,
so wiea dr Wend au weht.

Es isch, au wenn's it alle g'fellt,
it oifach ond gerecht des Leaba.
Doch was d' Wealt au zemahält,
z'frieda sei moischt wichtig eaba.

´s Schicksal isch a seltsam's G'wäx,
doch so dr Lauf dr Wealt.
Earscht em Dod wiead all's komplex,
vreint me Kneacht ond Held.

Altbekanntes, oft gehörtes Gedicht über die „Steinheimer"

D' Schtoihoim'r

(Original-Text: Anonymus/Bearbeitung: Johannes Wiest

Ih be hald vo Schtoihoi,
vo Schtoihoi be ih.
Ih gang hald alloi hoi,
alloi hoi gang ih.

Ih be it vo Pasing,
ih be it vo Loim,
ih be em schwäbischa
Schtoihoi doahoim.

Wenn d'Schtoihoim'r kommet
noach dreht se dr Wend,
noach dearf ma glei denka,
dass luschtig se send.

Ond d' Schtoihoimer Mädla
diea hand scheane Grend,
ond sieht ma moal Wüeschte,
g'wieß it vo doa send.

Drom heart ma koi Klaga,
it früeher, it heit.
Da Grend oim vrschlaga,
dät schempfa oi'r d' Leit.

Drom isch au des Dörfle,
zua jedweder Zeit,
so liabreich ond monter,
ond allzeit a Freid.

Jeder Christ kennt Sakramente, aber diese?

Sakramente

´s Mäxle war als Schualer-Bua
it grad des greaschde Ass.
Schtatt learna will der Huarabua
bloß all a bizle Schpass.

Am beschda fendt'r d' Religio,
dr Pfarr isch it so schtreng.
Doa ka'r neabahea au no
en Blödsinn macha all a weng.

Dr Pfarrer abr sieht reacht guet,
dass ´s Mäxle macht it mit.
Denkt bei sich: No ruhig Bluat,
di kriag ih no, au wenn it witt.

Hoat's Mäxle drom beflissa
g'froagt, ob er au aufpasst hoat.
Diea Sakramente well'r wissa,
diea er als Pfarr vrzehlt grad hoat.

„Zwoi ka ih sa, deam be ih g'waxa"
sait doa dr Max, „ih hau's kapiert",
ond schtoaht glei na uff seine Haxa,
sait: „Pfarr ond Schultes", o'scheniert.

„Blödsinn!", wirft dr Pfarr doa ei,
doch des Mäxle bleibt d'bei.
„Mei Vatter der hoat neilich g'sait,
wiea ihr d' Schtroaß raufgloffa send:
I gang, bevor's no Händel geit,
ieatz kommet zwea so Sakrment".

Was wäre der Mensch wohl ohne das Vehikel Fahrrad?

Mei Fahrrad

Mei Fahrrad, des bei mir em Haus,
hält a Ruah scheinbar it aus.
Es beattlet mi dagdäglich a:
„´naus mecht i! Komm pack mr's a!

Putz me, schmier me, pomp me auf!
Bremsa, Liacht prüef, ond da Lauf,
weil es dreibt me ´naus uff d' Schtroaß.
Freiheit schpüer i! Sehnsucht bloß."

„Oh mei Rädle, du du g'fellsch mr,
weil au mir des g'fellt so guet.

Weil’s au mi doch, bittschea glaub mr,
´naus en d’ Freiheit dränga duet.

Wenn’s au bloß a kleines Schtuck isch,
zom genießa d’ Früehlingsluft.
Komm mir fahret, wenn’s dr reacht isch,
ond genießet ieatz dean Duft.

Sag mei Rädle, witt me draga,
uff dei’m Sattel ´naus en d’ Wealt?
A bizle bloß, a Ausfahrt waga,
so wiea’s Boide eis so g’fellt.

Wenn’s au bloß a kleines Glick isch,
dät des mir doch grad so guet.
Komm mir Zwoi mir machet des heit,
´s braucht d’zua doch it viel Muet.“

Der Mensch ist heute immer häufiger der Technik ausgesetzt. Mal zum Wohle, mal zum Ärger.

D' Technik-Ploag

So wiea 's Sackduach g'heart zom G'schnuder,
g'heart zom Mensch heit a Computer.

Heit mueß a jeder online gauh,
Internet ond E-Mail hau.
En Drucker ond en Scanner kenna,
en Brenner om CD zom brenna.
En DSL-A’schluss ganz schtreng.
D' Wealt isch scho vrruckt a weng.

En Flachbildschirm mit zemle Zoll,
a guete Grafikkat au wohl.
En ordentlicha Arbeitsschpeicher,
sait au no a jonger Soicher.

A Feschtplatt' mit viel Gigabit,
wear au zemle wichtig heit.
Au füer manch andres no a Kat.
En Duranand wia Kraut-Salat.

A Handy schliaßlich wohl d'zua,
dass joa vrbei isch mit dr Ruah.
Au Onlinebanking wear koi Scherz,
ond kauft wear iebr E-Commerz.

Ih war platt, doch glei bereit,
ond zemle interessiert.
Hau all's kauft, als wiea it gscheid,
es hoat sogar preassiert.

Drom sieh ih sealta d' Sonna scheina.
Sieh oft it, wenn a Blüemle blüeht.
Heit heart ma mi bloß schempfa, heina,
wenn dr Computer schpennt ond glüeht.

Weil d' Technik hald oft kompliziert,
ond manches loat se it vrzwenga,
isch au dr Fruscht vorprogrammiert,
dass kenntsch em Viereck schprenga.

Doch iamoal roicht mir dieses G'frett,
weil ih als Mensch doch it so drucka,
ond ih pfeif uff E-Mail, Internet.
Will it bloß en diea Kischda gugga.

'S Leaba macht was andres aus,
doa hilft oim koi Computer-Maus.

Doch a Kesslfloisch, it gar so fett,
mit Sauerkraut d' zua,
ond a Woizabier, wenn neabadett,
hilft mir oft meh nei en d' Schuah.

Die ausufernden Kosten im Gesundheitswesen sollen durch entsprechende Reformen eingedämmt werden.

G'sondheits-Reform

Wo ih be dond all bloß gneischda,
weil ma d' G'sondheit reformiert.
Ma kenn sich alles nomma leischda,
ond d' Patienta send fruschtriert.

Scho beim Doktrb'suach goaht's a,
wenn hoasch du di moal draut.
Ma knepft dr z'zearscht en Zehner a,
bevor du reacht hoasch g'schaut.

´S geit koi Rezept meh, wiea bisher,
fier manche Alldags-Breschda.
So Mittela brengsch bloß no her,
wenn's kauf uff oig'ne Köschda.

Koi Rezept meh füer a G'schnuder,
koi's füer en vrklemmta Fuuz,
koi's füer Huaschdasaft ond Puder,
ond d' Apotheker kommet z'kuuz.

Drfüer schluckt ma mit Widrwilla
iamoal bloß no Knoblauchpilla,
ond reibt ´s G'nick ond Glieder ei,
mit Mealkfett oder Franzbranntwei.

Pflanzt oft en Gäta, Töpfla meh,
Salbei- ond Kamilla-Tee.
Baut d'Haus-Apothek a bizle aus,
mit Kreitla vor ond hendrem Haus.

B'sennt sich meh an Oma's Wick'l,
an all's was früeher vielleicht guet.
Schtrickt Pullover, warme Kittel,
drait meh Kappe, Händscha, Huet.

Drom send d' Ärzt au zom bedaura,
es brengt nix meh, dr Krankaschei.
Se dieftet uff da Bau zom Maura,
wenn sott dr Loh' moal greaßer sei.

Weag's dr Regierong ihrem Willa,
hand ieatz arme Leit a G'schiss.
Beim Aldi soll ma kaufa d' Brilla,
ond pro Haus gäb's bloß no oi Gebiss.

Ma duet schtändig iebrlega
wiea ma d' Patienta schlaucht.
Wiea ma kommt an ihr Vrmöga,
weil ma joa Milliarda braucht.

Sicher wiead dr bald vrgliggret,
langes Leaba wear nix Scheas,
ond bei Alte ´s Geald vrsiggret.
Besser ma beiß früeh en's Gräs.

So wiead G'sondheit reformiert!
Zom Glick send koine Wahla,
´s wearet Oine sonscht blamiert
ond müeßdet doafüer zahla.

Doch wondret mir vielleicht eis no,
ond ´s goaht earscht los mit Quala,
weil, wenn kommt dr G'sondheitsfo
hoißt's nomoal richtig zahla.

Komisch, aber wahr. Oder Sachen gibt's, die gibt's gar nicht! Oder doch?

Mondgeflüster

Leit, des isch a woahre G'schicht
diea ih ui doa ieatz bericht'.
Wenn es oft au mir kommt vor,
als wear 's Ganze doch it woahr.

Dr Moschtkenig vo eis'rem Gai,
a Doil vom Hofschtaat mit d'bei,
duet, wiea's schtoaht en de Levita,
sei Kabinett zom Ondronk bitta.

Es war a scheaner, warmer Dag.
Mei Gurg'l au vrleachnet grad.
A lauschig warme Sommernacht
a'gsait au, dass ´s Herz bloß lacht.

Dr Moscht, a ganz a gueter Dropfa,
lauft ond lauft, als gäb's koin Pfropfa.
D' Gurg'l schaffet Kruag füer Kruag.
`S G'füehl sait it, dass ih scho g'nuag.

D' Zeit wiead lang ond emmer länger.
Dr Alkohol geit mir en Schwenger,
duet sei Pflicht ond loat it lugg,
bis drüeb uss meiner Wäsch ih gugg.

Endlich, es war nachts om Ois,
hear a Schtemm ih uss'm Krois:
"Aus füer heit, es isch ieatz g'nua.
Ihr gand hoi, mir schliaßet zua."

Ih schtand auf, ond mirk ´s Malheur.
D' Füeß so zemle müed ond schwer.
Vrneablet Geischt, ´s Floisch so faul,
ih schlorp drher wiea Acker-Gaul.

Mei Lauferei diea schtrengt mi a,
drom schtand ih öfter amoal na.
Richt da Blick zom Hemm'l ´nauf,
denk, dass goaht a Liacht mir auf.

Ond, es drifft mi fascht dr Schlag!
Was isch des füer a Gottes-Gnad?
Ih lueg doa en a luschtig's G'sicht.
Ihr liabe Leit, ihr glaubet's nicht.

Ond, als wenn's mir saga möcht:
Goaht's dr heit a bizle schleacht?
Es lachet mi so wissend a,
dass ih bloß grad so schtauna ka.

Ond denk mr no so vonnazua:
Sieht der vielleicht dass ih g'nua?
Ond ih sag: Ieatz lass mi gauh!
Kasch ieatz du des it vrschtauh!?

„Liaber Ma“, scheint der zom saga,
„Was kennt vrzehla ih an Klaga.
Jeder moit, ih müeß vrschtauh,
drweil be ih doch bloß dr Mau.

Jawohl! Ond due dr kräftig leichta.
Ond du? Was witt du heit beichta,
wenn dei Alte macht a G’schroi.
Sait: Male, komm mr du bloß rei!“

Ih sag bloß, ond grins a wenga:
„Ebbes vom Götz vo Berlichinga.“
Es war mr eaba doa noit klar,
dass ´s Schicksal gega mi doa war.

Denn wiea ih vor dr Hausdier schtand,
da Schlisselbond en meiner Hand,
doa will’s mir Dropf hald it gelinga,
en Schlissel en des Loch zom bringa.

Druck drom uff mei Hausdierschealla
ond hear noach denna ebbern bealla:
“Wear isch duss zua schpäter Nacht?”
Druff seisle ih it bsonders sacht:

Alte, komm mach auf diea Düer.
Ih, dei Ma will nei zua dir.
Doa hear ih wiea mei Alte sait:
„Heit hoasch, moin ih, z’früeh di g’frait.

Heit, moin ih, mueß ih di schtroafa.
Heit dearfsch du it bei mir schloafa!
Wer it hoigoaht, sauft wiea Kuah,
füer dean bleibt heit moal d’Hausdüer zua.“

Ih hock am Hausdritt duss voll Zoara,
wiea armer Sender, ganz vrlora.
Doch uff oimoal fällt mir ebbes ei:
Ih flagg bei eis en’s Gwäxhaus nei.

So zwischa Bohna ond Tomata,
ruah ih noach em oig’na Gata.
O’gmüetlich, weil hett wia Schtoi,
dusla ih zwar noach glei ei.

Uff oimoal schteart doa ebbes mi.
„Wach ih, oder draim ieatz ih?“
Mit Kezaliacht, em Nachtgewand,
muaulet ebber: „So a Schand!

Du Siach, du nixiger, komm rei!
Ond flagg mr it en’s Gwäxhaus nei!”
Wiea a Bott be ih noach g’loffa,
als hett ih da Leibhaftiga droffa.
Kreidabloich em G’sicht ond grea.
Drweil isch bloß mei Alte g’wea.

Eine himmlische Betrachtung der Schwaben

Schwoabaleit

Dr Petrus lueget omanand
ond lenkt da Blick ens Schwoabaland.
„Herrgott, was send des füer Leit?“
loat Petrus z’moal vrlauta.
Dr Herrgott druff: „Bloß Schwoabaleit!
Diea mir a weng vrgroata”!

Dr Petrus moit: „Joa sapperlott,
ond doch isch ´s Ländle so komot".
Doa wirft z'moal ei dr Gabriel:
„Des kommt weil viele Leit so kähl".

Dr Herrgott aber weist'n z'reacht:
„Des send meine beschte Kneacht!
Ond liaber a weng geizig, kähl,
als ganz ohne Herz ond Seel".

Kleine Lebensweisheit für Schwaben

Moscht-Philosophie

(Originaltext: Anonymus/Bearbeitung: Johannes Wiest)

A gueter Moscht hoilt jeden Schmerz,
er isch des Schwaben Perle.
Au gueter Wei manch krankes Herz,
doch Moscht da ganza Kerle.

Most ist auch Grundnahrungsmittel mancher Schwaben

Moscht-Psychologie

Wenn's all bloß schaffa, wuala hoißt,
obwohl du dir da Asch aufreißscht,
ond du bald nomma weiterwoischt,
hilft gueter Moscht ond Himbergeischt!

Natürliche Strafe jugendlicher Möchtegerne

Moscht-Biologie

(Originaltext: Anonymus/Bearbeitung: Johannes Wiest)

Zwoi Buaba schpielet Hokus-Pokus
ond drenket Moscht em Kealler,
doa zoigt dr Drang da Weag zom Lokus
doch dr Moscht war schnealler!

Eine altbekannte Redensart, verständlich für den der die Geschichte vom „Memminger Mau“ kennt.

Dr Memminger Mau

(Originaltext: Anonymus,/Bearbeitung: Johannes Wiest)

Dr Memminger Mau
hoat ´s Fiedle seah lau,
hoat ´s Fiedle seah lau
dr Memminger Mau.

Dean blitzblanka Asch
de Leit mit Kurasch
em Schtanda ond Gauh.
So isch eiser Mau!

Hald wiea manche Schwoaba
so gnitzig ond schlau.
Vrschlaga, vrschroba,
schwäbisch hald au.

Fremde Kater im Revier

Katza-Boale

Eiser Katz hoat sieba Jonge,
sieba Jonge eiser Katz.
Eiser Magd gar sieba Kender,
jedes vo ma andra Schatz.

Manche Boale müeßet jaga,
fremde Katza iebrall.
Kriaget sealta voll da Kraga,
jaget Katza iebrall.

Mädla, wenn'r o'ruig send,
wenn Katza-Boale roala,
lueget was füer Boale send,
gand it mit jedem Loale.

It jeder Boale gueter Kater,
it jeder Kater emmer treu.
Au it jeder daugt zom Vater,
wenn isch d' Luscht vrbei.

So isch's noach au wieder

Nix füer o'guet

„Nix füer o'guet,
nix zom Schada",
bloß dr Iebrmuet,
hald luschtbelada.

„Was so guet duet
Schenkel, Wada,
goaht en's Bluet,
ond ka it schada",

sait dr Bua zua'r Feel,
ond grinst neababei.
Moit: „Herz ond Seel'
mueß joa it glei sei."

Doa moit d' Feel:
„Di schticht dr Haber!
Doa goahsch fehl,
bei deam Gelaber".

Weil die Autoflotten in Deutschland überaltert sind gibt es jetzt eine staatliche Verschrottungsprämie für Altautos.

Abwrackprämie

D' Regierung hoat des so beschlossa,
dass wohl dr Absatz wieder schteigt.
Sogar en G'setze hoat ma's gossa,
dass es au a Wirkong zoigt:

De Alte soll ma ieatz v'rschrotta,
sogar a Prämie geit's drfüer.
Heit no gilt des bloß füer's Auto,
moara vielleicht au scho mir.

Endlich semmer noach soweit,
dass ma noach vrschrotta schreit.
Armselig, wiea oine schpotta!
Hoffentlich send's bloß Marotta.

Doch wenn it, ond ´s käm diea Zeit,
noach hear ih scho diea Klaga:
Leit diea so Gedanka heit,
g'heart grad dr Grend verschlaga.

Schafherde beim friedlichen Grasen auf einer Weide am Buxheimer Weiher

Die Technik schreitet unaufhaltsam voran, doch ob sie immer menschenfreunlich ist, wer weiß?

Dr Mensch als Haustier

Ieatz losnet was ih saga will,
ond land mi des vrzehla.
Mi ploaget so a o'guet's G'fiehl,
des ka ih it vrhehla.

Doa duet ieatz oiner suggeriera,
des hau ih neilich g'leasa.
Eis Leit, mit eis're bleede Hira,
diea kenn ma bald vrgeassa.

Weil kinfdig gäb's Mascheena,
diea däbet, wenn mir wend,
eis dommer Menschheit deana.
Roboter hoiß des Kend.

Ond was heit scho gegaweartig,
wear ausbaut gwieß no groß.
D' Entwicklong eher widerwärtig,
hoffentlich goaht's it en d' Hos.

Roboter diea sich seall bediena,
ond allz gang fix ond schneall.
Sogar, so duet ma no erwähna,
repariera au no diea sich seall.

Roboter seied niamoals krank,
koi Urlaubsa'schprich schteara.
All eisatzfähig, Gott sei Dank,
diea däbet bloß Profit vrmehra.

Wohl däbet diea eis bald vrdränga,
en Beruaf ond Haushalt, iebrall,
ond eiser Arbet iebrneamma.
Ganz vorbildlich en jedem Fall.

Koi Handwerker, koi Ingeneuer,
koi Hilfsarbeiter brauch ma meh.
Koi Hausfrau ond au koin Frisör.
´S Leaba sei noach bloß no schee.

Au’s Auto fahr ohne Chauffeur,
ond all’s sei besser wiea bisher.
Au’s Geald schaff a Roboter her,
ond des, des geng fascht neabaher.

Gwieß sorget diea füer Noachwux au,
ond machet sealber d’ Kender.
Dond Sex ond Liabschaft au no hau,
weil ebber moit ´s sei g’sender.

Dr Mensch an sich bloß duldet,
vo Achtong gar koi Schpur.
Wear hoat des wohl vrschuldet,
doa dreht joa d’ Menscheit dur?!

Ond dr Seall behauptet vehement,
zwar no a weng vrhalta,
dr Mensch, erwaxa oder Kend,
wear noach als Haustier g’halta.

Diea leget gwieß a Halsband om,
ond fiehret an de Leina,
eis vielleicht em Schtädtle rom.
Oh Herr ma kennt grad heina!

Was andere als Sperrmüll sehen, sieht man selbst oft als angenehm nützlich und erstrebenswert.

'S alte Kanapee

Es schtoaht a altes Kanapee,
uss Leader, edlem Holz,
des scho bess're Zeita g'seah,
ausrangiert, doch schtolz,

am Weagesrand, ganz schtill.
Es soll wohl uff da Müll.

Ond, als wenn es saga möcht
wiea eis're Blick sich dreaffa:
Hilf mr du, ih be it schleacht,
des ka ih wohl v'rschpreacha.
G'schtell, Bezug, samt Keara,
no guet füer viel Joahr geara.

Dr A'blick der mi so betrüebt,
der rittlet an mei'm Herz,
so dass ih mi, wiea arg v'rliabt,
au Ei'lass uff dean Scherz,
ond v'rschpreach em Kanapee:
Ih g'hear joa it zur Hautevolee,
drom nemm ih di mit hoi.
Doa schwör ih Mark ond Boi.

Dei Plätzle des isch mir scho klar,
diea Gunscht will ih erweisa,
isch nägschdens an dr Kealler-Bar,
doa wear ih di lobpreisa.

G'müetlich so bei Eis ond Schnee,
flagg ih uff di mei Kanapee.
Heb mei Glas ond denk gedroscht:
uff´s alte Glomp doa sag i Proscht.

Eigenartig: Man kennt sicher alle Tiere im Land, aber Osterhasen sind wohl eine besondere Spezies und entziehen sich seit jeher jeglicher näherer Betrachtung.

Osterhasen

Jedes Joahr zur Oschterzeit
heart ma wiea es Händel geit
zwische Hasa-, Hennschtall.
Iamoal grad a schwerer Fall.

Eifersüchtig krähet d' Henna:
Hasaböck, dond it so renna!
Oier brenget mir de Kender,
emmer frisch, ´s isch g'sender.

D' Häsla, zemle ondr Druck,
schreiet doabei narred z'ruck:
Oh ihr Henna, no it schpenna!
des dond mir genauso kenna.

Mir send schliaßlich Oschterhasa
diea it bloß em Schtall romgasa.
Wiea Kenderherza mir beglicka
doafüer müeßet ihr lang schtricka.

Mir kenned d' Oier sogar färba
ohne dass all's goaht en Scherba.
Vo Henna, so wiea ihr vrgroata,
geit es doch bloß Oschterbroata.

D' Henna schreiet z'ruck bloß kess:
was send ihr Hasa Fleg'l!
Ihr dauget noach'm Oschterschtress
au bloß füer Hasa-Schleg'l.

Jedem von uns passiert hin und wieder ein Missgeschick. Manche sind allerdings leichter zu ertragen, als andere.

A Missgeschick

"Soll mi doch dr Deifl holla!"
sait a Bauer ond duet g'schtät.
Vor hett ih uff's Heisle solla!
Ieatz isch hoilig z'schpät?

Er lauft broit, ond sachte glei.
Doch leicht war Maga, Darm.
Ond a Gschmäckle, heidanei!
A Gasmask her! - Alarm!!!

Koi Papier ond koine Wendla.
Was due ih ieatz doa bloß?
Ih ka doch it mit meine Händla,
des "O'glick" holla uss dr Hos.

Doch viel anders wiead's it gauh.
Vielleicht hilft Heu ond Gräs.
Hätt ih bloß koi Fizle lau,
wear it vrschissa 's Häs.

Der Schwabe ist glücklich, wenn er sein Haus gebaut, seine Familie gegründet und in Ruhe schaffen kann.

Schwoaba-Michl

Michl sag, wo isch dei Hoimet?
Wo leit dei Matratz?
Wo hoasch du dei Herz nagloinet?
Wo wohnsch' mit deim Schatz?

"Em Schwoabaland, fascht en dr Mitte,
doa be ih doahoi.
Doa wohn ih en meiner Hitte,
mit mei'm Schatz alloi.

Ond Boide meacht ih nomma missa.
It mei Heisle, it mein Schatz.
Ond Kendla, wenn hoasch no em Kisse,
geit 's füer 's Glick doch koin Ersatz."

Die Hinterlassenschaften unser liebsten Haustiere in freier Natur stoßen zunehmend auf Unverständnis.

Hond'sdreck

Hondsdreck, Hondsdreck, oh vrreck,
heitzuadag an jedem Eck.
Hondsdreck wo ma goaht ond schtoaht,
weil ma d' Hondla scheißa loat
iebrall ganz o'scheniert.
Mit Hondsdreck isch diea Wealt drapiert.

Hondsdreck duet da Schpielplatz ziera,
Hondsdreck d' Schtreuobschtwies vrziera,
d' Schtroaß vrschandla ond's Trottoir.
Ond ´s Viehfuatter wiead o'brauchbar.

Faschtgar mueß ma Slalom laufa,
auszomweicha Hondsdreck-Haufa.
Heifa flagged omanand
an jedem Eck ond Schtroaßarand.

Herr due eis vor Hondsdreck schütza!
Eis geg's Hondsdreck ond'rschtützа.
Due handla Herr, vor 's Irger brengt!
Hondsdreck bis zom Hemml schtenkt.

Viele Menschen sind zerfressen von Neid und Missgunst.
Man gönnt anderen nicht, was man selber nicht hat.

Neid und Missgunst

Schleacht isch diea moderne Zeit.
Missgunscht, Neid geit's ondr Leit.
Was dr Oi, ob Weib ob Mandr,
braucht besser, greaßer au dr Andr.
Obwohl sei Gealdsack doafier z'klei.
Doch was sei mueß, des mueß sei.

Koiner gönnt em Andra was,
ohne, dass'r seall hoat Schpass.
Missgunscht en ganz viele Auga,
obwohl's sealta duet was dauga.

´S Glick, des isch bekannt d'füer,
klopfet it an jede Tür.
Doch Neid, so will ih no erwähna,
muaß ma sich au schwer vrdeana.

Frauenfußball ja, aber nicht nur

Frauafuaßball

Frauafuaßball kommt ieatz auf,
ond viele machet mit.
Fraua hand zmoal gueten Lauf
ond send g'hearig fit.

Schtramme Wada, Brüschtla,
ond s' Fiedla sowieso,
dass kriat mancher G'lüschtla,
grad a weng, ond so.

Schpielet diea au wia em Rausch,
noach aller Kunscht ond Regel,
intressiert am End dr Trikottausch
so manchen Männer-Flegel.

Pferdekoppel beim Reiterhof in Buxheim

Ständige Schmerzen und Krankheiten können die Lebensqualität schon ziemlich einschränken.

Gicht ond Rheuma

"Woarom vrziasch denn so dei G'sicht?",
froagt mi mei Naochbr neababei.
Ih sag: "Mi bloaget wieder d' Gicht.
Doch 's kennt am End au 's Rheima sei.

Dr Doktr woiß grad sealber it,
ond schwätzt bloß all dromrom.
Röntgt ond schpritzt, dass ih wear fit.
Doch seit deam lauf ih kromm.

Am lenka Fuaß, hend an mei'm Haxa,
sei entzonda ebbes fescht.
Doamit 'r sei deam Üebel g'waxa,
well 'r Bluat abneahma z'earscht."

Doanoach kriag ih en Schwong Tabletta,
dass dr Schmerz a weng loat noach.
Ih schluck au all's, doa kasch druff wetta,
doch besser wiead 's hald it doanoach.

Weit isch g'fehlt, ka ih bloß klaga.
Des Glomb des hilft it, kommt mr vir.
Wear bald drom uff'm Schraga flagga,
zom operiera, sait mei G'schpüer.

Koiner woiß reacht was ih hau,
ond was mir macht zom schaffa.
Doch ka ih eaba nomma schtauh,
ond vor Schmerza nomma lacha.

Dr Oi sait moischt: Ih häb hald Gicht,
ond was ih eass sott ma beachta.
Dr Ander: Nix was doafüer schpricht,
ond tippt uff Rheima eaba sachte.

Doa dreaff ih en dr Schtadt en Freind,
der au wiea ih 's gleich Leida g'hett.
Der lauft me wiea a Bott, wiea 's scheint,
ond vrbei isch 's ganze G'frett.

Der sait, er sei zom Dierarzt ganga.
Der häb 'm gea a Medizin,
diea au a Gaul kriag bei Vrlanga,
ond des häb g'holfa, au bei eahm.

Sei rossig zwar ond schlag' oft aus,
ond häb a hoißes Bluat.
Ih denk: Hält der dean Zuaschtand aus,
isch au füer mi des guet.

Männer kaufen, im Gegensatz zu Frauen, nicht gerne ein und tun sich dabei oft auch schwer.

Einkaufserlebnis

A Bauer, duss vom flacha Land,
braucht hald iamoal allerhand.
Wirft sich drom en' s Auto nei,
ond nix wiea los! En d' Mau-Schtadt nei.

Am beschda, denkt 'r sich d'bei,
gang ih doa en a Kaufhaus nei.
D' Auswahl diea daugt gwieß füer mi,
ond 's Zuig au preisweat, wiea ih sieh.

En Parkplatz bloß no sott 'r hau!
Doch will'r it en's Parkhaus gauh.
Ruia duet 'n 's Geald drfüer,
weil doafüer geit's a Woiza-Bier.

Fährt em Schtädtle rom, duet suacha,
heimlich scho a bizle fluacha,
weil alles zuaparkt vorn ond henda.
Duet neana meh a Plätzle fenda.

Doa sieht 'r wiea fährt weg a Ma,
ond schtellt doa sein Mercedes na.
Dr oizig Platz der frei isch g'wea.
Hoat bloß des Schildle ieb'rseah.

Noach goaht 'r, wiea 'r des hoat wella,
nei zom Karschtadt, uff dr Schtella.
D' Bedienong freindle, froagt au glei:
"Mei liaber Herr, was soll's denn sei?"

Doa sait dr Bauer au ganz fix:
"Ih briecht bloß grad a kuze Wix.*
Uss Leader oi, so ganz famos,
wenn dr Sommer goaht ieatz los."

D' Bedienong, so a jonga Fehl,
it informiert, sait doa ganz schneall:
"Wir sind zwar immer gut sortiert,
doch >Kuze Wix<* mich irritiert!"

"Oh mei" sait doa der Baura-Ma,
"hand ihr koi >kuze Wix<* it doa?
Des isch ieatz aber zemle bleed.
A >kuze Wix<* braucht doch dr Jed.

Wo hand 'r denn des ganze Häs?
Weil so a Hemmad, so a scheas,
briecht ih au no zua dr Tracht,
diea mir a alter Freind vrmacht.

Oder loset hea, vor 's ih vrgeass,
a Sametbendle, hand 'r des?
Doavo hoat ma joa nia g'nua,
schnüert's au d' Gurgl zemle zua.
Ond, 's isch joa grad a Kuglfuhr,
ih briecht au no a Goislschnur."

Des Weib, diea sich Bedienong nennt,
em Baura-Ma sei Wünsch it kennt.
Ond 's O'vrschtändnis uff 'm Fleack,
schickt dea Baura-Ma Sui weg.
"Wir sind kein Basar!", sie erklärt.
"Joa be ih denn ieatz ganz vrkehrt?"
Dr Bauer druff mit Blick uff d' Uhr.
"Joa, hand ihr au koi Goislschnur?"
"Mein lieber Mann, es ist nicht leicht,
ihre Wünsche zu vrschteh'n.
Auch haben wir 'nen Punkt erreicht,
wo's besser, wenn sie gehn."

Dr Bauer schempft en seiner Not,
ond wiead vor Zoara puderrot:
"Koi >kuze Wix<*, koi >Goislschnur<,
ond b' Bedienung au no schtur.
Glei lass ih dean Firlefanz,
ond hock me nei en >Bauradanz<*.
Liaber a paar Halbe saufa,
als dean Irger beim Ei'kaufa."
Ziaht sein Flachma, drenkt en Klara,
ond lauft voll Zoara zua sei'm Karra,

ond sieht grad no, wiea schiabt a Weib,
ebbes onder d' Wendschutzscheib'.

En Schtroafzeadl! Ja goaht 's no guet!
Ond regt sich auf bis nei uff 's Bluat.
Schreit noa der Fehl em greana Loda:
"O'g'schpitzt schla de nei en Boda."
Sei Zoara kennt ieatz koine Schranka.
Duet uff dea Schreack na zemle tanka,
em >Bauradanz<* denn, Bier om Bier,
ond b'suacht noach 's Polizei-Revier,
om sich gremmig zom beschweara,
ond om dean Sachv'rhalt zom klära:

"Wiea isch denn des bei ui em Gai,
wiad doa a Jeder gschtroafet glei,
wenn er als braver Baura-Ma,
sein Karra parkt am Randschtoi da?
Ih hau doch schliaßlich nix v'rbrocha!"
Diea Polizischda aber, diea hand g'rocha,
dass doa dr Alkohol schwätzt viel,
ond hand noach au a leichtes Schpiel,
wiea sich des Röhrle färbt vom bloasa,
ond waret zemle schneall entschlossa,
dea Fiehrerschei zom eikassiera,
weil, fahra dearf koi b'soffes Hira.

Dean Ma hoat 's uss de Socka g'haua,
vrliert au no sei letzscht's Vrdraua.
Sait: „Hand'r dean vielleicht scho nomma?
Dean hand'r neilich mir doch gnomma.
Mir hand joa seallmoals lang vrhandlet,
hand'r dean vielleicht vrschlampet?"
Diea Polizischda doadruff bloß gemein:
"Das Fahren ohne Führenschein,

koscht, beim Beattler wiea beim Groaf,
ieatz hald drom a exschdra Schtroaf.“

Ab doa goaht alles zemle schneall,
ond faschtgar wiead's no kriminell.
Denn wiea d' Polizei no intressiert,
sei Auto rondom inschpiziert,
schtellet diea ganz schneall no fescht,
dass ausfellt schleacht dr Roifa-Tescht,
ond machet noach so glei a Wette,
mit Blick uff ASU-, TÜV-Plakette,
dass sicher duet der alta Karra,
vrkehrstechnisch it beschtens fahra.
Hand vorläufig drom o'scheniert,
au glei 's ganz Fahrzeig konfisziert.

Ma hoat dea Fall en d' Akta g'schrieba,
's isch ieatz nix andres übrig blieba.
Was kränkt da Bauer gottsallmächtig,
ond schreit vor Zoara dondrschlächtig:
"Koi >kuze Wix!<* koi Goislschnur!
Ond d’ Polizei no bleed ond schtur.
Bloß A'zoiga ond Schtroafzeadl,
ond d’zua en Rausch em Schädl.
Ond schpäter vielleicht no a Läscht
mit bleede Idiota-Tescht.

En Zuakunft, sag ih drom scho heit,
soll eikaufa bei eis meh ´s Weib.
Wenn ihr müeßet wean vrhafta,
wear’s leichter füer mi zom vrkrafta.

** Kuze Wix = kurze Lederhose*
** Bauradanz = Bekannte Gaststätte in MM*

Der Eine oder Andere tut sich schwer in heutiger Zeit und so entsteht ganz leicht ein gewisser Weltverdruss.

Dr Wealtvrdruss

D' Neigier packt da Bua am Kraga,
wenn 'r heart da Opa saga:
"D' Wealt, ih kenn mi nomma aus,
isch langsam 's reinschde Narrahaus.

Wiea soll des bloß no weitergauh?
Ih ka des alles it vrschtauh!
Sicher goaht 's au nomma lang,
ond alles bricht so langsam zamm."

Dr Bua kriat jedesmoal en Schreack,
ond goaht vom Opa nomma weg,
bis dass dr Opa rafft sich auf,
ond klärt dean Buaba gründlich auf.
Ond so dr Bua erfährt am Schluss,
vom Opa seinem Wealtvrdruss.

Dr Opa sait zom Bua moischt bloß:
"Hock de hea zua mir an Schoß,
noach will ih dir diea Wealt erklära,
wiea se war, ond sott meh weara.

Es war vor viel Milliona Joahr.
Ewigkeita, kommt 's mir vor,
dass dr liabe Gott, ih denk,
eis diea Wealt hoat g'macht zom G'schenk.

Ond diea Wealt, des woiß ih g'wieß,
war seallmoal 's reinschde Paradies.

Wo viele Kreitla waxa, schpriaßa,
dass ma hoat a Freid hau müessa.
Groß ond kleine Beim ond Boscha,
Blomameer, dass kasch it goscha.

Farbafroh, dass duet oim dauga,
ond a Wohltat grad füer d' Auga.
Saft- ond kraftvoll, guet em Schuss,
ond all's war doa em Iebrfluss.

Luft ond Wasser, Reaga, Wend.
Liacht ond Schatta, wiea ma 's kennt.
All's war rein ond klar ond guet.
Grad a so, wiea 's dauga duet.

Doch wiea'r macht uss Iebrmuet,
au no des Päärle Menscha-Bruat,
seitdeam goaht 's, des mueß ih sa,
mit dr Wealt bloß no berg-a.

Lueg bloß fern, ond leas a Zeitong,
noach erkennsch du diea Bedeitong.
Chaos, Händel, Kriag ond Schtreit,
iebrall wo 's Menscha geit.

Armuat, Ond'rdrückong, Zwang,
isch dr Lauf, dr Wealtagang.
Vrbreacha, Terror, eng bei'nand.
O'reacht en so manchem Land.

Ond isch moal Frieda füer a Zeit,
macht ma d' Omwealt hee hald heit.
Vrpeschdet d' Luft, vrgifdet 's Wasser.
Vo Dag zua Dag lauft alles krasser.

Wo dr Mensch schtoaht en dr Rond,
benemmt 'r sich wia Lompahond.
Ond wo 'r nakommt, goaht 's berg-a,
dr Mensch handlet it guet all Da.

Drom mei Bua, beim Wealtvrdruss,
doa menschelet 's, sag ih am Schluss.
Gieb drom du dir bsonders Müeh,
weil d' Wealt joa eaba eis bloß g'liah."

Jeder sieht den Klimawandel auf seine Weise

Klimawandel

`s Klima däb sich so schtark wandla,
bläret d' Leit landauf, land-a.
Ond ma sott au ganz schneall handla,
sonscht geng d' Wealt da Gata na.
Ond scho dr Bibl sei entnomma,
es wear a große Dürre komma.

Dr Lugge sait: A Dürre komma?!
Oh Herr, wiea be ih g'schlaga!
A Dicke hau ih neilich g'nomma,
a Schicksal kaum zom draga.

Doa sait dr Herr: Nemm's it so schwer
ond's G'wicht isch doch it all's,
ond au mit Dürre geit's Malheur.
Goaht's schleacht, goahsch meh uff d' Walz.

Benzinkosten treiben Autofahrern den Zorn in's Gesicht

Oh Herr, gib mir a Zoicha

Dr Oi, der tanket voller Zoara.
Dr Andr hoat scho d' Luscht vrlora.
So a Zapfseil an ra Tankschtell da
hoat 's iamoal wirklich schwer.
Jeder schempft, ob Weib ob Ma,
als ob doafüer diea Zapfseil ka,
diea bloß da „Schprit“ geit her.

Arm isch oiner ond braucht Roat,
ond eaba zemle g’schlaucht.
Koiner au der des vrschtaoht,
ond eventuell Vrschtändnis hoat,
bis dass dr Fruscht vrraucht.

Not ond Sorg, ganz üble Sacha.
Es goaht om's liabe Geald.
Ond Koiner ka wohl drieber lacha,
langsam schtenket eis diea Sacha,
bis dass dr Preis meh fällt.

Isch au d' Regierong no so g'rissa,
isch em Detail sie schuld.
Drom hand's diea Kerle bald v'rschissa,
wearet ihre Schteira büeßa,
Wahla kommet, no Geduld.

Wo jemoals d' Politik em Schpiel,
isch fascht no nia was gwea,
weil all diea Herra bloß oi Ziel,
zom schröpfe 's Volk em großa Schtiel.
Des hoat dr Deifl g'seah.

Drom beat ih neierdengs zom Hemml:
„Oh Herr, doa doaba, gib a Zoicha!
V'rschon eis vo Politiker-Lüemml.
Des G'schmäckle schtenkt zom Hemml.
Ond lass eis selber 's Rohöl soicha.“

Obwohl doanoach mir fellt wohl ei,
ond ih komm leicht en 's griebla.
So ausg'schämt ka a Schwoab it sei,
ond scho isch au mei Fruscht v'rbei,
denk bloß: Leck mi am Fiedla.

Nicht jeder verfällt in Schmerz und Trauer beim Tod eines Angehörigen, und Tränen können außer Schmerz und Leid auch Wut bedeuten.

Em Himml geit 's a Wiederseh'n

Neilich war ih bei ra Leich,
weit vo doa, em Allgai dob.
Vrsoffa sei se, em a Deich,
am Max sei Weib - gottlob!

Dr Max, a alter Freind vo mir,
der mir des so berichtet,
war hirawirblig, hendravier,
weil er dr Schuld bezichtigt.

Doch des war glei moal vrbei.
Heit schtoaht ma uff'm Friedhof,
vrgrabet d' Leich en Boda nei.
Es isch scho g'richt a Loch.

Zemle Leit send zemakomma,
obwohl des Weib a Bissgurk war.
Zoiget, dass ma ihr guet g'sonna.
Ond g'songa hoat a Kenderschar.

Dr Pfarr hält grad seine Leichared,
lobet, ond isch it so schtreng.
Vrzehlt was Sui füer Vorzüeg g'hett.
Er goaht mit ihr guet om a weng.

Dr Max schtoaht zemle ruhig doa,
au wenn viel Leit wohl bläret.
Denkt liaber an sei Zuakunft scho,
ond wiea 'r all's alloi vrherred.

Doch zmoal fangt au er a zom heina,
dass schlemmer nomma goaht.
Dass des ernscht war, sott ma moina,
obwohl 's neamed reacht vrschtoaht.

'S Moahl war rom mit reichlich Eassa.
Dr Pfarr, wiea ieblich, au d'bei.
Froagt oiner: "Max isch des vrmeassa,
wenn ih a Froag dir schtell ieatz glei?

Diea ganze Zeit warsch ruig am Grab,
ih moi, dei Herz duet it so schmerza.
Bloß am Schluss hoasch g'heinet grad,
ond des scho grad uss vollem Herza.

Dei Drauer isch doch it so groß.
Des bleibt doch it vrborga.
Drom froag ih mi des oine bloß,
macht dir ihr Dod so Sorga?"

"Mei Weib, ih moi, ihr hand se kennt,
drom isch mei Drauer it so groß.
Diea hoat neab's mir mit andre pennt.
Gottlob be 's Lompadier ih los.

Doch wenn 's schtemmt, was ih doa hear,
noach wear ih mächtig b'schissa,
dass em Hemml geit a Wiederkehr.
Drom hau i hald so heina müessa."

Es gibt Stammtischfreuden mit schalem Nachgeschmack.

Wirtschaftskrise

Beim "Kreizwiat" duss en Egelsee,
amoal am Sonndig Zoabet,
be g'hocket ih, ond lang war 's schea.
Dr Duscht hoat mi so bloaget.

Sechs Halbe ond drei Viertl Wei,
was sott a Schwoab vrdraga,
schütt ih au glei en mi nei,
bis zmoal rumort mei Maga.

A Wiatschaftskrise drangsaliert,
ih schpüer doa so en Druck.
Uff's Heisle, moi ih, diea bugsiert
ond loat hald nomma lugg.

Aber wo es z'earscht goaht los,
ob vonna, oba, henda.
Doa hilft a gueter Roat it bloß,
des mueß ih seall rausfenda.

Doch wiea ih schtand ond iebrleg,
wiea ih mi sott vrhalta,
vrschittlet 's mi scho uff'm Weag,
ond 's Maul ka nix meh b'halta.

Ond 's Bier mitsamt'm Wuschtsalat,
ond alles andre obadrei,
flagget, 's isch a Schand joa grad,
om ´s guete Bier ond Wei,

vrschtrait moal duss, moal denna,
guet sortiert ond schtenkt mi a,
em Querlauf vo dr Soich-Renna.
A mordsdrom Sauarei doa da.

Oh Herr, was füer a Missgeschick,
schiaßt's mir au glei dur 's Hira.
Ond wieder au, dass ih viel Glick,
weil, 's kennt joa meh passiera.

So gang ih au meh froh ond heiter,
ond denk it z'viel d'bei,
nei an Schtammdisch ond mach weiter,
ond drenk hald Schnaps schtatt Wei.

'S war hald a scheaner, hoißer Dag.
Vrleachnet drom manch Ranza.
Ond schtöred koi Termine grad,
duet mancher uss dr Roiha danza.

Ond wenn ma isch em Element,
kennt koiner a Pardon.
Drenkt ond sauft au permanent,
oft ieber'n Duscht au no.

Nicht alle halten viel von Urlaub und Reisen. Und wenn, dann gezwungenermaßen und im eigenen Land.

Urlaubsgedanken

Ma muaß it all bloß schaffa, schpara,
ma muaß au moal en Urlaub fahra.
Was nützt oim ´s Geald bloß uff dr Bank,
wenn schpäter d' Seel' isch schterbenskrank.
Ond hoasch vom Schaffa heene Boiner,
glaub mir, des dankt dir sowieso koiner.

Drom gib dr en Ruck, vrlass moal dei Hitte.
Gönn dr en Urlaub, 's isch joa fascht Sitte.
Mach auf dei Auga, schau 'nei en d' Natur.
'S geit viel Scheanes, drom sei it so schtur.
Au fremde Länder hand viel zom zoiga.
Du muesch di bloß draua, sei it so oiga.

Vrgeass alles Schaffa, vrgeass Alltagstrott.
Urlaub ond Ruah, des isch so komot.
Lach ond erhol di, ond tank wieder auf,
's duet Leib ond Seel guet, ka wetta ih drauf.
Bloß doanoach sott'sch hald schaffa me fei,
weil o'gschaffet ka dr Schwoab doch it sei.

Vielleicht tut man den Politikern ja unrecht, doch hin und wieder entsteht eben ein gewisser Eindruck.

Politiker

Wear schwätzt wia Buach,
doch it viel sait,
wear lüegt wia druckt,
vo Zeit zua Zeit
ond fendt doa nix d'bei,
kennt joa a Politiker sei.

Wear emmer Wasser predigt
ond sealbr drenkt bloß Wei,
andre schröpft ond schädigt,
kennt joa a Politiker sei.

Ond wear bildt sich eit'l ei,
´s Volk sei ondrem Schoit'l,
au no demmer wiea d'Partei,
ganz g'wieß a Lugabeit'l.

B'sonders oft vor Wahla,
wenn Wohltata sie preisa,
diea mir no sealber zahla,
samt Koschta vo de Reisa.

Drom sag ih em Vrdraua,
dass b'schissa koi'r d'bei:
Öfter g'sondes Missdraua
kennt doabei hilfreich sei.

Doch wenn ih mir so iebrleg,
ob es wohl besser wear,

wenn andre hettet ´s Privileg
noach due ih mi au schwer,

ond dearf meh it beschwera,
weil ´s Volk will au beloga sei,
ond d' Woahret oft it heara,
wenn's o'a'gnehm kennt sei.

Alle Hände greifen nach dem gegrilltem Spanferkel mit Beilagen

Regionale Spezialitäten aus der Küche gibt es überall, so auch im Schwabenland. Manche halten die Schwäbische Küche sogar für eine der besten in Deutschland.

Schwäbische Easskultur

Saure Kuttla, Backschtoikäs,
isch 's Fäschtmenue vo Maiers Res.
Bloß iamoal so zwischanei,
kennet 's g'schupfde Nudla sei.

Ond, ma heart au koine Klaga,
bei Schwazwuscht, oder Schwatamaga.

Ond isch de "Schwaz" au hett wie Schtoi,
"Bodaseedies'l"* hilft zur Vrdauong d'bei.
Weil vrdaut, so loat Sui heara,
kenn mit „Diesel“ all’s guet weara.

Uff ihr Schwäb'scha Easskultur,
isch d' Resl fescht fixiert ond schtur.
Au wenn d' Jugend andre G'schmäcker,
ond schätzt eher d' Pizzabäcker.

Koi Schweinefloisch mit Sauerkraut,
koi Innareia send vrdraut.
Am liabschda sott 's exotisch sei.
Schwäbisch Altvrdrautes dearf 's it sei.

En dr Kindheit scho goaht 's los,
ma frisst koi Floisch, bloß Nudla, Soß.
Pommes, Döner, mit viel Kätschup,
Mayonaisse au it ganz knapp.

Big Mac, eaba hald Faschtfoot,
Hamburger, Chick-Nuggets guet.
Gyros vielleicht, Pasta, Pizza.
Au wenn d' Resl oft sait: "Nix doa"!

Diea guete Schwäb'sche Eass-Kultur,
au wenn d' Resl no so schtur,
wo 's Kuttla gea ond Backschtoikäs,
fascht vrbei mit seallem G'fräß.
Vrbei mit Moscht au, soll 's wohl sei,
au wenn 's a Schwoab sieht oft it ei.

*(*Bodenseediesel = Obstler vom Bodensee)*

Wer sich der Völlerei hingibt, muß sich nicht wundern, wenn seine Figur unförmig und entsprechende Ausmaße annimmt.

Wo kommt bloß mei Ranza her

Dr Scheifele, der guete Ma,
hengt iebr d' Hos en Ranza na,
iebrgroß, ond zemle mächtig.
Wiea vo ra Kuah diea drächtig.

Doch nix kommt doa vo ungefähr.
Dr Seall isst oft, ond zemle schwer.
Au viel mueß sei, klagt mir sei Weib.
Drom hoat'r joa dean dicka Leib.

Der will scho morgens koin Kaffee.
Der sait, doa kriag 'r Magaweh.
Koin Wegga mit bloß Marmelada,
doa wear a reachter Ma malade.

Schpeack ond Oier frisst der liaber.
Des sei guet füer müede Kriager.
Oft gar scho a warma Suppa,
duet 'r morgens moal vrdrugga.

A Päärle Weißwischt no beizeita.
Brotzeit, wenn's duet Elfe-Leita.
Oder au, wenn 's mau heagoaht:
"Negerseggl*" bloß mit Brot.

Ond kaum, dass Zwölfeleita duet,
wirft 'r nei en's Egg sei'n Huet.
Schreit: Bärig honger hau ih ieatz.
A Kot'lett wear g'wieß it so leatz.

Noamittags, wenn duesch'n suacha,
driffsch 'n a bei Kaffee, Kuacha.
Beim Sahne mampfa kasch 'n hau.
Dr Kerle muaß all's g'freassa hau.

Ond am Oabed, Herr Gott nei,
goaht earscht los diea Freasserei.
A Völlerei em O'vrschtand.
All's wiead wegputzt, duranand.

Vrreißt's dean Kerle doa au schier,
noachgschpüelt wiead no all's mit Bier,
au wenn 'r joamret hendaher:
Wo kommt au bloß mei Ranza her?!

(*) "Negerseggl" = gebräuchlicher Ausdruck im Schwäbischen für schwarze Wurst

Suppen als Vorspeise sind sehr appetitanregend und sollten zu jedem Hauptgericht gereicht werden.

Suppa-Kaschpr

Ois vo meine liabschde Laschdr,
hoißt: Ih be a Suppa-Kaschpr.
Füer Gauma, ond füer Maga,
grad a Freid, ka ih bloß saga.

Sonndig, Wearfdig, ganz egal.
A Suppa g'heart uff jeden Fall,
au wenn es a weng v'rmeassa,
hald bei mir zom gueta Eassa.

'S g'heart zua gueter Eass-Kultur,
denk, ond sag ih eaba schtur.
'S macht joa au koi große Müeh.
Suppa-Floisch geit guete Brüeh.

Siadfloisch, ond a Hand voll Knocha,
alloi dr Honger macht da Schocha,
Zwiebel, Lauch ond Sellerie,
a gealbe Rüeb ond Peterli,

loasch em Wasser kocha, siada,
a guet's Schtendla, wenn witt kriaga,
ohne weit're große Müeh,
a herrlich guete Suppa-Brüeh.

Salz ond Pfeffer, Muskat Nuß,
ond d' Suppa wiead zom Hochgenuss.
Alles handg'macht, pur Natur.
Nix uss Bixa, sag ih schtur.

Als Ei'lag Knöd'l, Nudla, Flädla,
g'schabt ond g'hoblet, oder Rädla.
Backschpätzla, ond Mauldäscha,
ond a Greazuig, vorher g'wäscha.

Ob du glaubsch des oder it,
des regt a da Appetit.
D' Magagoischdr weared monter,
lauft da Schlond a Suppa nonder.

Kässpätzle gehören zu den echten Leibspeisen eines jeden Schwaben.

Kässchpätzla

Meahl a Pfendle, Oier feif,
Salz a weng, dass it so leis.
Schprud'l-Wasser, oder Mill,
grad a so wiea 's jeder will.

Grias a bizle, it v'rkeahrt,
dass au 's Doigle locker wiead.
All' s vrmischa ond vrrüehra.
Zwischanei a weng probiera,
schlaga en dr Schüssl rom,
bis oim wiead diea Arbet z'domm,
ond des ganze dick ond satt hoat.
'S Doigle aber fei ond glatt hoat.

A Wasser ieatz zom kocha brenga,
ond da Schpatzahobel nemma.
Noach wiead g'hoblet zemle monter,
dr ganze Doig en's Wasser nonder.

Doanoach luaget ma en Ruah,
deara G'schicht a Weile zua.
Ond bald schwemmet alle diea
Schpätzle oba en dr Brüeh.

Aufpasst ieazt, en Seier g'nomma.
Rausg'fischt alle, it lang b'sonna.
Dass koi Baz, eaba koin Bapp geit,
mit hoiß Wasser all's no abg'seit.

D' Schpatza en a Schüssel nei,
en Käs schneall grieba zwischanei.
„Schweizer“- ond en "Backschtoikäs",
noach geit des was b'sonders schea's.

Zwiebl en dr Pfanna g'reascht,
mit viel Butter, des isch 's bescht,
driebrgleert ond g'mischt, wiea 's witt.
Noach hoißt 's: "Gueten Appetit!"

Ond uff amoal hoasch du a G'füehl:
So a Eassa geit oim viel.
Ond a Freid hoasch du am Disch,
weil 's eaba hald a Leibschpeis isch.

Auch Kutteln zählen bei Schwaben oftmals zur Leibspeise.

Saure Kuttla

Saure Kuttla, woich ond lend,
iamoal scho a Leibschpeis send.
Mancher loat en Broata schtauh,
füer saure Kuttla, ka er 's hau.

Doch dass Kuttla fei ond guet,
herrlich alles schmecka duet,
mueß ma diea scho grad beizeita,
ordale au zuabereita.

Füer da Metzger deiner Gunscht,
isch des zwar koi große Kunscht.
'S wichtigschde isch doa beizeit,
Hygiene, Sauberkeit.

Was it neig'heart, raus vom Maga,
dass vo A'fang geit koi Klaga.
Abg'schabt ond ganz sauber putzt.
Kochet, g'sotta, dass au nutzt.

Schtroifa g'schnitta, maulgerecht,
wiea 's a jeder eassa möcht.
Ond noach geit ma sich no Müeh,
ond macht d'zua a saure Brüeh.

Doa wiead z'earscht a bizle sacht,
noach amoal a "Brenne" g'macht.
Hoißes Schmalz, a weng a Meahl,
g'hackte Zwiebl au no schneall,
ond all's mit'nandr mit viel Freid,
vrrüehrt, dass koine Bolla geit.

Abg'löscht wiead mit Floischbrüeh-Fo.
A guete Hausfrau woiß des scho.
En Schuss Essig füer da G'schmack,
ond fetig isch diea Brüeh, zack, zack!

A Loarbeerblatt, ond Pfeaffer, Salz.
Oh wiea schmeckt des guet doch all's.
Noach brauchsch bloß no Appetit,
bei saure Kuttla, wenn 's du witt.

Doch jeder der koi Kuttla kennt,
glaubt sicher au der Kerle schpennt.
Doch ih sag doa druff guet gelaunt
was vielleicht meh dean erschtaunt:
„Koschtvrächter, bisch it weart,
was a Fei'schmecker begehrt.“

In gemütlicher Stammtischrunde kommt es schon mal vor, dass man einen Schluck zuviel und angesäuselt ist.

Herr, ih dank dr schea

Leer ih a paar Viertl Wei,
ab ond zua so en mi nei.
hear ih oft, wenn ih komm hoi:
"Heit bisch du it ganz alloi".

Drenk ih anschtatt Wei a Bier,
guet dond etle Halbe mir,
hear ih oft scho an dr Düer:
"Heit lauft all's meh hendravir."

So endet iamoal Freid ond Luscht
an dr Hausdüer scho mit Fruscht.
"Drom, oh Herr, ih dank dr schea,
dass mir lang koi Weib hoasch gea.

De oige Kraft, dr oige Goischt,
isch zom vrherra leichter moischt."

Fasten mit Maß und Ziel hält Leib ond Seele gesund

Fastenkur

Mei Paula macht a Faschtakur,
will überflüssig's Fett vrliera.
Desch vielleicht a Kuglfuhr,
ma muaß sich fascht scheniera.

Vier Wocha lang soll des so gauh,
vier Wocha nix g'scheit's eassa.
Schleacht isch so a Weib zom hau,
a Laune zom vrgeassa.

Bald sieh ih bloß no Haut ond Knocha,
ond bald kommt ´s Häs drher alloi.
Vielleicht au no noach Dag ond Wocha,
en Schtrich bloß no, vo Mark ond Boi.

Doch Haverschleim ond Riabasaft,
dia macha sollet schlank ond rank,
hand Sui koscht au ganz viel Kraft,
drom frisst se wieder – Gott sei Dank.

Nicht jeder macht den Schlankheitswahn
unserer moderen Zeit mit.

Iebrg'wicht

„Was be ih füer a armer Wicht,
wiea mueß ih mi kaschteia,
drotz wenig eassa, Iebrg'wicht,
ih ka me nomma freia".
So hear ih oft landauf, land-a,
des Schicksalsliad vo Weib ond Ma.

Drom liaber eaba rond doch g'sond,
als zaudirr, rank ond schlank.
Au liaber fit mit zemle Pfond
als luschtlos schlapp ond krank.

Immer mehr Menschen drängt es zu Schönheits-Operationen. Der Zeitgeist verlangt es wohl.

Alte Grend ond schlaffe Hüfta

A Mancher en sei'm langa Leaba
hoat viel Freid am Scheana eaba.
Denkt doa oft an Grend ond Leib,
ond eitel send heit Ma ond Weib.
So alte Grend ond schlaffe Hüfta
loat so Mancher drom heit lifda.

Doch drifft ma iamoal so en Fall,
isch ma g'schockt au scho amoal.
Schtraffe G'sichter, volle Blusa,
hoißt: en Silicom au schmusa.
Irgendwia isch künschtlich all's.
Grend ond Leib ond au dr Hals.
Moischt au g'färbt no alle Hoar,
hendravir all's, kommt mr vor.

Beischpielhaft, muaß ih erwähna,
seinerzeit wohl Maier's Lena.
A Weib, diea früeher, wiea ih fend,
ghett hoat en Charakter-Grend.

Faltig zwar, doch ganz adrett,
wohlgenährt, doch ohne Fett.
Ieatz isch rosig, glatt ihr Haut,
dass ma schier em Aug' it draut.

Drom be ih glatt an ihr vrbei,
bis Sui mi schtupft en d' Seita nei.
Sait: „Früeher hoasch du mi beachtet,
ond mei Schönheit it vrachtet."

Ih lueg scharf, doch kenn Sui nomma.
Schlank d' Figur, wiea bei ra Jonga.
Doch des G'sicht isch mir so fremd.
Lang hoat ´s braucht bis ih se kennt.

„Lueg mi a, vo vorn ond henda.
Kasch du denn a Scheanra fenda?
Lueg de doch em Schtädtle om.
Ih hau Sexappeal ond Schwong!

Ih hau, ganz em Vrdraua au,
mi lifda ond vrscheanra lau.
Ieatz be ih meh, vo Kopf bis Nabel,
viele Joahr doch ganz passabel."

„Pfondig", hear ih mi au saga.
Doch eher abr d' Schproach vrschlaga.
A Weib, vo bald moal Siabazg Joahr,
kommt sich no wiea jong's Mädle vor.

„Mei Oberweite hoat ma g'hoba"
sait se, ond des müeß ma loba.
Nix meh hang doa bis zom Knui."
Doch des alloi des woiß bloß Sui.

„Abg'saugt eaba Bauch ond Schenkel.
Fett wegg'macht an jedem Wenkel.
Diea faltig Haut noach henda zoga."
Drom isch au ihr G'schtell vrboga.

„D' Nes begradigt, d' Lippa g'schpritzt.
Tätowiert, Tattoos ei'gritzt.
Au ihren Buckl, ´s isch it g'loga,
samt'm Kropf en d' Hos neigschoba.

„Ih füehl mi drom wiea nui geboara“,
schtrahlt Sui iebr boide Ohra.
Ihr hett’s mit Siabazg wohl no daugt,
hett ma d’ O’schuld meh ei’baut.

´S wear besser g’wea beim repariera,
hett ma g’lifdet au ihr Hira.
Doa isch, moin ih, nix druss woara.
So a Aufgab no füer moara.

Doch saga due ih: „Super!“ druff.
Obwohl ih denk: Wiea uss ´m Buff.
Scheaner isch diea g’wieß it woara.
Ih möcht diea weder heit no moara.

Schlaffe Haut mit Ronzla, Falta,
geabet earscht Charakter-G’schtalta.
Es isch dr Zah’ dr Zeit hald eaba,
ond deitet oft a schweares Leaba.

Wenn oim nix erschpart isch blieba,
schtoaht des oft em G’sicht au g’schrieba.
Wear’s vrschtoaht ond ka des leasa,
der begreift a selles Weasa.

Viel Reschpekt vor so ma G’sicht,
wear drom angebracht ond Pflicht.
Falta, Ronzla, schtarke Schwiela,
braucht drom koiner iebrschpiela.

Zölibat hin, Zölibat her: Mann ist Mann, auch ein zölibaterer katholischer Pfarrer.

A Dorfpfarr ond des Zölibat

D' Jongfer Afra, duss vom Land,
figüerlich no ganz guet bei'nand,
macht sich oft Konzept ond Pla:
Wiea komm au ih bloß an en Ma.

Weil Sui mirkt vo Joahr zua Joahr,
alloi an ihre graue Hoar,
dass ihr herba Scheanheit leidet,
ond ´s Alloisei ihr v'rdloidet.

Ond seit ihr Dokter neilich g'sait:
Herz ond Seel' brauch au a Freid.
Ond manches Zipperlein vo ihr,
wear so weg, häb er em G'schpüer.

Ond so a richtig's Luschtgefüehl,
däb ihr guet, sag au sei G'füehl.
Seitdeam grüeblet sui ganz kähl:
Es mueß a Ma her, ond zwar schneall!

Doch alle Müeh duet it viel fruchta.
Se fendt koin Brava, koin Vrruchta.
Fendt hald koin Ma der bleiba will,
ond bei ihr schtillt des Luschtgefüehl.

Weil jeder der bei ihr isch g'wea,
vrzehlt vo Hoar uff ihre Zäh'.
Diea, wo andre sonscht am Grend,
wo se hald au ieblich send.

So denkt Sui bald: Ih be koi Narr.
Mit deam Problem gang ih zom Pfarr.
Doch der ziehrt sich akurat,
ond schiabt all's uff sein Zölibat.

Doch d' Jongfr Afra kommt en Rage.
Vrdrait koi weitera Blamage.
Geit Kissle doa, ond Kissle dett,
ond leit zmoal mit'm Pfarr em Bett.

Ond weiter goaht d' Liabkoserei,
bis Sui heart vom Pfarr en Schroi:
„Oh Herr, oh Herr, ih bitt om G'nad,
doch d' Luscht war eaba schtirker grad.

Au d' Jongfr Afra hoat a G'füehl,
als wear ´s ganz Hemmlreich em Schpiel.
Ihr Leaba war zmoal nomma fad,
ond schweart uff Pfarr ond Zölibat.

Auch wer nicht schüchtern ist, will überredet werden.

Lis'l, heit juckt's mi!

Lis'l! Heit juckt's mi. Heit zuckt's mi.
Am Bauch ond am Grend.
Lis'l! Ih moi, heit goaht was em End.
O'ruig, Lis'l, send Füeß scho ond Händ,
ond's wear a Gaudi, wiea ih hald fend.
Lis'l! Ond 's wear g'wieß au koi Send,
komm, gang hear zua mir g'schwend.

Lis'l! Oh Lis'l! Wenn a Ma ond a Weib,
's Glüeck schpüert em Herza,

ond d' Luscht diaf em Leib,
Lis'l! Ih moi, noach sott ma 's probiera.
Oh Lis'l, grad heit kennt ih di vrfüehra.
Lis'l! Ih moi, mir sottet es waga.
'S Feaderbett watet, ka ih bloß saga.

Lis'l! Ih kennt di so luschtvoll vrwöhna.
Pfondig au sicher am Kanabee deana.
Lis'l, mei Luscht, diea ka's it vrwata,
möcht hald so geara en Wohlluscht bada.
Lis'l! Iebrleg it! Kratz it am Hira,
sonscht ka ih füer heit nix garantiera.
Ond Lis'l! Dr Schtaat dät g'wieß gratuliera.
Kender braucht ´s Land, ma sott produziera.

Den einzelnen Volksstämmen wird gern ein Etikett angehängt, doch nicht immer liegt man richtig.

Entaklemmer

A Fischkopf isch koi Preiss,
a Gealfüeßler koi Moschtkopf it,
ond a Bock wiead nia a Gois.

Bloß beim Boier geit's en Hiasl
ond beim Saukopf eaba Riasl.

Wear koi gueter Rassakenner
isch ond bleibt a Entaklemmer.

Buxheimer Weiher im Winter - Teilansicht

Austoben in der Jugend ist erlaubt und gilt als normal.

Buxhoi

Wiea jong ih war, ond uff dr Pirsch.
Gamsig, fesch, wiea jonger Hirsch.
War z' Buxhoi oft mei Jagdrevier.
Oh Jugendzeit wiea fehlsch du mir.

Am Weiher doa des Schiffla fahra,
mit Weiberleit bei manch Gefahra,
zur Sommers- ond zur Urlaubszeit,
war oft a Freid füer Herz ond Leib.

Ond ab ond zua des wilde Bada.
Kraule zwischa Kopf ond Wada,
doa am See bei guetem Weatter,
war manchmoal gar no netter.

Zwischadure, wiea sich 's g'heart,
beim Wiat a küehle Halbe g'leert,
em Schatta vo Kaschtanabeim,
war au schea, ganz allgemein.

Vor oabets dreaffet sich meh alle
wieder en dr "Schwabenhalle".
Wo ma luschdig, g'songa danzt,
ond om Mädla rom schtrawanzt.

Hoat alles passt am Oabed moal,
wiead schpaziera ganga zmoal.
D'bei vrschprocha, ond au g'schwora,
dass d' Liab hoiß sei, heit ond moara.

Dät ma manchen Waldweag froaga,
doa am See, wear g'wieß it g'loga,
groß der Schpass, was doa passiert.
So sag ih ieatz moal o'scheniert.

Z' Buxhoi war oft 's Pflaschtr hoiß,
wiea ih no jong war, wiea ih woiß.
Herrlich schea, sait mir mei Grend.
Em Alter bloß bisch doafüer blend.

Bald all's vrbei, ond alter Zopf,
ond schpielt sich bloß no ab em Kopf.
All's was d' Jugend duet so schätza,
em Alter kasch bloß drüeber schwätza.

Dond ui drom koiner Luscht vrschliaßa.
Dond alles, so lang 's goaht, genießa.
Em Alter heart 's vo sealber auf,
doa gib ih ui mei Wort scho drauf.

Männer und Frauen sind in Art und Wesen unterschiedlich. Die Verständigung daher oft schwierig.

Weiberleit
(Aus der Sicht eines Mannes)

It bloß d' Figur ond anatomisch,
all's isch anders, ond oft komisch,
bei Weiberleit mit deam Gebahra.
Schleachtes hoat ma scho erfahra.

Ma ond Weib send fremde Weasa,
oft wiea Hond ond Katz scho g'weasa.
D' Weiberleit, so kommt's oim vor,
send iamoal scho ganz sonderbar.

Vrliabt, wenn bisch no, glaubsch 's it.
Doa kriasch des alles gar it mit.
Uff boide Auga bisch no blend.
Schpät mirksch du wiea d' Weiber send.

A Weib isch moischt it rational,
ond logisch oft uff gar koin Fall.
Hoat en Gedanka en Vrhau,
learn beizeit om zua vrschtauh.

Sonsch hoasch mit de Weiberleit
dei Leabdag nia a reachda Freid.
Glaub mir des, ond andres au,
sonsch bisch du a arme Sau.

Wiea soll a Mannsbild au vrschtauh,
wenn roata muesch was 's Weib will hau.
Sui 's Hendr vor em Vordra will,
ond all's beurdoilt noach 'm G'füehl.

Ond es deischt so manches G'füehl,
weil uss 'm Bauch raus kommt so viel.
Schliaßlich isch dr Fruscht so groß,
dass du Geduld brauchsch, grenzalos.

Sait Sui joa, ond moit doch noi.
Macht Großes wenzig, ond oft kloi.
D' Hauptsach oft zur Neabasach,
isch doch programmiert dr Krach.

Ih moi, ma woiß, 's ka fascht it sei,
ond d' Schöpfong fällt oim doabei ei.
Wiea Gott dr Herr doa all's erschaffa,
macht er 's Weib au noach de Affa.

Ond 's Material war doa scho knapp,
ond er vom Wealterschaffa schlapp.
Ond Gott, dr Herr, es isch a Graus,
nemmt bloß vom Ma a Ripple raus,
ond denkt: Des roicht so neabaher.
A Weible forma braucht it mehr.
Ih moi was ka doa druss scho weara?
A Ripp bleibt hald a „Ripp“ oft geara.

Wer also nemmt sich moal a Weib,
ond sei 's au bloß zom Zeitvrdreib,
erwart' vo so ma G'schäft nia z'viel.
Au wenn 's geit scheane Liebesschpiel.

PS:

Ihr allerliabschde Weiberleit,
brengt diea Botschaft au koi Freid.
So ka ih ui doch heit scho sa,
d' Mannsbilder kommet au no dra.

Die heutige Jugendkultur deckt sich schon lange nicht mehr mit den Idealen der älteren Generationen.

Ond riacht schtreng, als wia a Sau

D' Jugend ond ihr Subkultur,
leabt oft radikal ond schtur.
Alles macha ond erschtreaba,
bloß it noach de Norma leaba.

Doch ih ka 's oft it vrschtauh,
dass d' Leit sich so dond ganga lau.
Dond sich it wäscha ond it pfleaga.
Scheiet d' Sonna ond da Reaga.

Send tätowiert ond hand Tattoos.
En Reng em Ohr, ond so en Schmus.
Alles mit Make-Up zuaschmiera,
'nauf vom Hals bis onder 's Hira.

Hand g'färbte Hoar, oft grea ond blau,
ond riachet schtreng, als wiea a Sau.
Hand d' Augabraua, d' Nesa, d' Zonga,
gepierct, vrdroahtet, ganz vrkomma.
Gar oft no andre Schtella au.
Wear Schleachtes denkt isch seall a Sau.

Hand schtatt Kloider oft bloß Kutta.
Oft koi Hebse meh füer d' Dutta.
Hand kuze Röck ond Niatahosa,
ond wend uff koi Kritik it losa.

Früeher hoat 's it gea des G'frett.
Dr Jed hoat reachde Sacha g'hett.

Seinerzeit war mancher z'frieda,
mit Krampfoadra ond Hämorhoida.

Waza vielleicht, ond en Kropf.
A Glatze, ond beim Weib en Zopf,
war normal, wiea jeder woiß,
wiea Schwoißfüess, wenn's a bizle hoiß.

Doch was soll 's, was goaht 's mi a.
Bloß weil ih des it leida ka!
Koiner braucht sich noach mir richta.
Jeder kennt seall Reacht ond Pflichta.
Ih be koi A'walt ond koi Richter,
bloß Poet, ond kleiner Dichter.

So isch's noach au wieder!

Rote Hoar

Zom Frauaarzt kommt Meier's Toni
ond drait sei Sorga vor:
De Jüngscht vo eis're Kend, diea Vroni,
diea hoat ganz rote Hoar.

Obwohl koi Mensch bei eis em Haus,
des isch wohl ganz gwieß woahr,
au d' Vrwandtschaft schliaß ih aus,
sonscht bei eis hoat rote Hoar.

Noachdenklich froagt dr Doktr zmoal:
Wiea schtoaht's mit Ehe-Pflichta?
„So jedes viertel Joahr amoal",
sait er, „due ´s ih mei'm Weible richta".

Dr Doktr druff: Joa sapperloscht!
noach isch des klar, des isch dr Roscht.

Freunde sind allemal beliebt, hoch zu schätzen und oft nützlich und angenehm.

Mei beschter Freind

D' Afra, ond ihr liaber Gatte
füehret oft so manch' Debatte.
Iamoal luschdig, iamoal grob,
doch humorvoll moischt, gottlob.

Neilich hoat ihr Alter g'moit,
wiea'r nacket grottabroit,
vor'm Schpiagl schtoaht em Bad:
„Füer mei Alter be ih grad,
wiea ih fend no guet em Schuss.
Doa geit's bei mir koin Vrdruss.
Sieht sei „Männlichkeit“ ond moit:
Du bisch doch mei beschter Freind!“

D' Afra druff: „Des denk ih mir,
drom hanget der au so an dir.“

´S Gerät wear doa

A Schultes hoat zom Gmoidsroat gsait:
“Nägschdens semmer pleite, Leit!
Z’wenig Schteira kommet rei,
fatzaleer isch Kassa glei.

Ond ih muaß ui animiera,
dass ihr Schteira dond kassiera.
Ih be mir sealber doa it z’fei,
b’suach Michls Obschtler-Brennerei“.

Dr alte Michl denkt: Hanoi!
Was fellt ieatz au em Schultes ei?
Der hoat em G’sicht meh so a Gier
ih glaub der will gwieß was vo mir.

Dr Schultes sait: Ih moi ´s wiead deier.
Du zahlsch füer’s Schnaps-Brenna koi Schteier.
Dr Michl druff: Du suachsch en Domma
ih brenn doch joahrelang scho nomma.

Dr Schultes wiead doa drieber grätig
weil er d’ Schteira braucht so nötig.
Bleibt au bei seiner Forderung schtur
ond sait zom Michl bloß touschour:

Doa hilft koi Gnad ond koi Pardon,
weil ´s Gerät isch joa no doa,
ond des hoißt zahla uff dr Schtell,
des sag ih dir ieatz ganz reell.

Schliaßlich wiead’s em Michl zwider,
zahlt, ond denkt: des kriag ih wieder.
Ond richtig, Michl fellt au ebbes ei,
ond sait zom Schultes neababei:
Ih mueß no ´s Kendergeald kassiera,
sait mir grad mei schwaches Hira.

Dr Schultes druff: joa du Bandit,
du hoasch doch gar koi Kender it.
Dr Michl grinst, sait: woiß ih scho,
doch ´s Gerät wear hald no doa.
Ond des hoißt zahla, uff dr Schtell.
So isch noach au hald wieder, gell.

Wenn Altersbeschwerden und Geschwätzigkeit eine Verbindung eingehen kann nichts Gutes dabei herauskommen.

'S Bronzg'schirr

Em Kronawiat sei alte Bäs
hoat a Maulwerk, ganz a bees.
Jedem Gascht der kommt vrbei,
"schenkt" diea oftmoal g'hearig ei.

Viel Dischkurs mit ihre Gäscht
hebt diea Schtimmung eaba eascht.
Ond viel Witz ond Heiterkeit,
macht eascht duschdig au diea Leit.

So vrzehlt Sui oft o'froaget,
au scho moal vo ihrer Ploaget.
Hald vo ihrer schleachta Bloas,
ond dass nachts Sui oft mueß raus.

So dreimoal, des sei en Haufa,
müeß Sui jede Nacht scho laufa.
Des sei füer Sui a arge Schtroaf,
ond raub ihr oft da ganza Schloaf.

Doch weil's Heisle ieber'm Gang,
ond andrerseits so groß der Drang,
sei 's scho joahrweis so bei ihr,
dass Sui benutz a Nachtgeschirr.

Doch doabei isch ihr moal passiert,
wiea 's ihr beim Leera hoat pressiert,
dass bei deam hektischa V'rsuach,
ihra Nachtgschirr goaht zua Bruch.
Ond ´s hilft noach au koi Joamer, Zoara,
a Nui's muaß her, ond zwar glei moara.

Doch Sui isch noach zemle platt,
wiea Sui neikommt meh en d'Schtadt,
dass ma so a G'schieß doa macht,
weag's ma Hafa so füer d' Nacht.

Froaga schtellt ma, kreiz ond quer:
"Wiea soll der sei denn – bitte sehr?
Soll mit Goldrand er vrziert?
Oder gar no emailliert?
Vielleicht gar hau a scheas Dekor?
Oder sonscht hald en Komfort?

Doa war diea Bäs ganz irritiert,
ond sait, wiea emmer, kuraschiert:
"Des isch doch alles zemle nichtig,
ond ganz g'wieß mir au it wichtig.
Er muaß bloß groß ond bauchig sei,
dass drei Bronzeta au gand nei.

Reden und Verhalten passt nicht immer zusammen und mancher ist schon über sein Fehlverhalten gestolpert.

Sittenverfall

Wiea neilich en dr Kirch ih war,
's isch etle Wocha hea scho zwar,
ab ond zua füer meinen Doil,
brauch ih des füer 's Seelahoil,

hau ih selbschtvrschtändlich doa,
mir au g'heart diea Predigt a,
diea mit großem Ernscht dr Pfarr,
predigt, vonna am Altar.

Ih hau des heit no guet em Ohr,
wiea er sich nemmt diea Sendr vor.
Voller Inbrunscht goaht 'rs a,
ond schonet weder Weib noch Ma:

"Iebrall bloß Zank ond Schtreit.
Koin Frieda gäb 's meh onder Leit.
Terror, Kriag, ond Lug ond Trug,
so gang 's uff Dauer doch it futt.

Ond Armuet, Elend, iebrall.
Koi Glauba meh, ond koi Moral.
'S Volk häb koine Weate meh,
drom gang langsam au all's hee.

Wichtig sei bloß Macht ond Geald,
ond dass au Sex heit soviel zählt.
D' Wealt sei 's reinschde Sündababl,
hear ih au no uss sei'm Schnabl.

Ond d' Weiberleit oft ohne Scham.
En jeder Zeitung Schweinekram.
Vo Sextourismus, voll Vrdruss,
hear ih gar no ganz zom Schluss.

Ih war beeidruckt vo deam Ma,
wiea der ergreifend schwätza ka.
Hau ennerlich no bei mir denkt:
Der hoat Charakter, ganz beschtemmt.

Doch wiea ih z' Schtuagert en dr Schtadt,
am "Dreifarba-Haus" lauf grad,
des, wo ih mueß saga druff,
doa en Schtuagert isch dr Puff,

doa kommt a Ma grad uss deam Haus,
der sieht wiea sealler Pfarrer aus.
En schwaza Huat en 's G'sicht neizoga,
ausg'laugt ond vrschwitzt, o'gloga.

Ih denk der Ma hoat g'wieß en Grond,
dass der uss seallem Haus rauskommt.
„Herr Pfarr", wag ih dean Vrsuach:
„Geall 's war bloß a Krankab'suach."

Jedes Ding hat meist zwei Seiten

Golfsack

Dr Kare hoat zom Lugge g'sait,
a Freind uss frĂĽeher Jugendzeit:
„Ih hau zur Zeit, es drifft mi schwer,
mit meinem Golfsack a Malheur".

„Was heitzuadag doch it all's geit",
hoat doa druff na dr Lugge g'sait.

„En Golfsack, mei du armer Ma,
beklagensweart ka ih bloß sa.
Ond ih hau g'moit, oh Gott erbarm,
des Schlimmschde sei a Tennisarm".

Manche Aussagen können schon mal zu
Missverschtändnissen führen

Zipflkappa

Dr Mate, kräftig, groß ond broit,
schtellt scho als Ma was vor.
Dr Scheaschde wear'r weit ond broit,
hett er am Grend no Hoar.

Doch a Glatze, blank poliert,
fascht wiea a Kendrfiedla,
isch was Mates Haupt so ziert,
wear ka doa sei scho z'frieda?

Ond außerdeam diea kalte Wend
diea land da Mate friera,
braucht drom füer sein kahla Grend
en Huet füer Haupt ond Hira.

Doch des, des isch a großes G'frett,
denn all's was er probiert,
em Huetlada am Marktplatz dett,
hoat eahn it interessiert.

Dr Huet-Ma gneischdet vor se na,
da Grend scho rot vor Zoara.
Will scho zom Mate faschtgar sa:
´S wear Hopfa, Malz vrlora.

Doa hoat'r zmoal a pfonds Idee
ond schlecht em Mate vor:
A Zipflkappa wear doch schee,
ond hält gar warm no ´s Ohr.

Dr Mate denkt des ich dr Gipfel!
ond sait zom Huet-Ma gschwend:
Ih brauch nix füer mein Zipfl,
ih brauch was füer mein Grend.

Gelegenheit muß nicht immer Diebe machen.

Vergewaltigung

Kreizwiats Seffe, jong ond chic,
uff dr Pirsch noach ihrem Glück.
Kommt, es muaß wohl au so sei,
doa d'bei weit rom em Gai.

Duet iebrnachta außer Haus,
ond nutzt des öfter weidlich aus.
A Gaschthaus, sauber, ei'wandfrei,
suacht sie sich moischt aus d'bei.

Au neilich war des meh soweit,
dass Sui suacht am Dag beizeit,
wo a Gaschthaus hoat was frei,
ond miatet sich noach doa au ei.

Isst ond drenkt ond füehlt sich wohl,
ond denkt: Ih hau 's vrdeanet wohl.
Bis morgens es an 's Zahla goaht,
ond Sui d' Wealt nomma vrschtoaht,
weil dr Wiat, ganz iebrdrieba,
en Betrag uff d' Reachnong g'schrieba,
füer oimoal schloafa en sei'm Haus,
dass Hondert Euro roicht it aus.

Wiea d' Seffe duet no reklamiera,
om dean Preis zom reduziera,
sait dr Wiat bloß voll entschlossa:
"Sie hand 's beschde Haus genossa.

Dea Ausblick ond diea hoilig Ruah.
Komfort ond Servica reichlich g'nua.
Wellness, Schport- ond Fitnessraum.
Ond dia Massage. G'wieß a Draum."

D' Seffe hoakt vrächtlich ei:
"Nix hau ih benutzt doa fei."
Doch dr Wiat voll Fantasie:
"Aber können hätten sie".

Des wurmet d' Seffe kolossal,
ond ihre Lippa wearet schmal.
Ond noach langem rom ond nomm,
wead 's dr Seffe langsam z'domm.
Wirft narred eahm en Fuchzger na,
schreit: "Des muaß roicha, gueter Ma.

Dea oina Fuchzgr doa d'bei,
b'halt ih füer diea Vergewaltigung ei."
Bluatleer wiead em Wiat sei Grend.
Denkt: Wiea Gäscht doch o'guet send.

"Nix sottig's geit 's it en mei'm Haus.
Vergewaltigt goaht mir koine naus.
Ih als Wiat schtand doafüer ei.
Bei mir em Haus ka des it sei."

Voll Wuet schreit d' Seffe vis a vis:
"Aber können hätten sie!"

Ein mancher spürt noch Lust im Herzen, obwohl die Natur schon alles anders geregelt hat.

Gempisch

"Marie, breng mei alta Weschda,
ond en Moscht vom hendra Fass,
ond lass eis heit a bizle feschda.
Glaub mir des macht richtig Schpass."

"Du bisch gempisch, altr Esl.
Des mirk ih scho da ganza Dag.
Schuld isch sicher Noachbrs Resl,
sonscht geng nix so uff'n Schlag.

Hoasch se wieder gseah beim bada,
oder mit dr kuza Wix.
Se flagget hoilig hend em Gata,
ond macht di gempisch, luja fix.

Oba ohne, onda nix.
Ih kenn des Menschle scho.
Reiza duet 's de, bis du schpitz,
noach kommsch zua mir au no.

Due it noach jonge Mädla gugga,
des hebt dei Kreislauf nomma.
Schlag dr uss'm Grend diea Mugga,
ond due au mi a bizle schona."

"Marie, schwätz it so en Mischt,
des Mädle regt bloß a.
Du woisch, dass du de Oizig bischt,
ond ih bloß di alloi so ma.

Drom ruck de a weng hea zua mir,
ond schenk mr nomoal ei.
Mei Herz vrlangt grad heit noach dir,
es schlecht ond bogglet glei."

"Lass boggla, 's isch a guetes Zoicha,
doch 's andre duesch vrgeassa.
En dei'm Alter muaß des roicha,
all's andre wear vrmeassa.

Drenk liaber no a Kriagle Moscht,
noach goaht des me vrbei.
Vrgiss des Menschle, sapperloscht
diea lachet di bloß aus d'bei."

Vater werden ist nicht schwer, Alimente drücken mehr!

Vaterschaftsklage

D' Theres hoat ieatz ´s dritte Kend,
doch d'zua koin Ma.
Dr Vatter eaba so ganz geschwend,
futt, so schneall'r ka.

Weil des Kendle Sui schwer schafft
klagt Sui ei dia Vatterschaft.
Wiead drom so vor ´s Amtsgricht glada
ond moit des kenn it schada.

Dr Richter froaget wiea’r hoißt,
der ihr häb g’macht des Kend,
der Sui so om’s Zahla bscheißt.
Sui soll’s eahm saga gschwend.

D’ Theres druff: Ja sie send guet!
Wiea soll ih des denn wissa?
Glaubet sie, wenn kochet ´s Bluet
ond er druckt mi en’s Kissa,

noach häb ih no füer sowas Zeit
ond schwätzt’m no en ´s Gwissa.
Dr Richter druff, dass des it geit,
er müeß dean Nama wissa.

D’ Theres grieblet, iebrlegt,
ond sait: amend kennt es joa sei,
dass der Hond, der ganz vrreckt,
dr Feinripp-Schiesser sei.

Dr Richter froagt wiea sui druff kommt?
doa schempft sui scho druff los:
Ieatz fellt mir’s wieder ei, ja prompt,
´s isch g’schtanda en dr Ondrhos.

Marktplatz G'schicht

Wiea neilich ih em Schtädtle denn,
be uff'm Markplatz g'schtanda,
sait mir a Weib, dass sie mi kenn,
ih hau 's it reacht vrschtanda.

Vrzehlt mr doanoach no o'gfroaget,
vo ihrem Elend ond deam Leid,
ond dass Sui eaba sich so ploaget,
ohne Ma en deara Zeit.

Vorsicht! Hau ih denkt bei mir.
Diea will was, wiea 's mir scheint.
Vielleicht meh so a Lompadier,
diea vo ma Domma dreimt?

Drom war ih it so interessiert.
Was goaht diea G'schicht mi a.
Außerdeam hoat's mir preassiert.
Sag: "Suach dr doch en andra Ma".

"Hau ih mi denn ieatz so vrdau",
sait Sui, ond schaut mi a.
"Gmoit, du däbesch mi vrschtauh,
ond seiesch no a reachter Ma."

Drom froag ih no: "Wer bisch du denn?
Sag, woher kennsch du mi?"
"So, kennt dr Gockeler ieatz sei Henn",
sait Sui naoch Vis a Vis.

Mir fallet alle Senda ei.
Lueg o'ruig lenks ond reachts.
Des wiead doch it, oh mei oh mei.
Ih glaub's it. So was Schleacht's.

Schtreng a dei Hira, denk ih mir.
Wiea komm ih doa bloß raus?
Doa hear ih Wecker ond a Düer.
A Draum vrbei, ond ih fei raus.

Untreue und Fremdgehen kann Folgen haben.

Fremdgauh

Dr Bene ond d' Elisabeth
hand g'heiret letzschde Wocha,
dass en dr Ehe geit koi G'frett,
au ieber ´s Fremdgauh gschprocha.

D' Lisbeth sait: „Bild dir nix ei,
dea Blödsinn kasch dr schpara.
Fremdgauh dearf bei mir it sei,
des möcht ih nia erfahra.

„Koi Angscht", sait druff der Bene
vrdraut zua seiner Alta:
„Ih vrschpreach's, ih wear nix sa,
ih wear füer mi des b'halta"!

Das Äußere eines Menschen entscheidet oft über den ersten Eindruck, ob gut oder schlecht sei dahingestellt.

Mensch, wear bisch du?

"Mensch, wear bisch du", froag ih oft?
Bisch du der, dean ih erhofft?
Sieh ih Seel' ond Herz em G'sicht?
Charakter ond au Zuav'rsicht?
Oder sieh ih doa, mit Vorbehalt,
so ebbes wiea a Kunschtgeschtalt?

Sieh ih schtatt Hoar bloß a Perücka.
Ka ih schtatt Haut MakeUp erblicka.
Schtatt edlem Schmuck eaba a Piercing.
Em G'sicht en Bart wiea so a Wirsing.
Sieh ih als Zäh' a schleacht's Gebiss.
Sieh ih koin Mensch, des woiß ih g'wieß.

Sieh ih schtatt Lacha, bloß a G'frieß,
sieh ih koi Freindlichkeit au g'wieß!
Abg'seah moal vo Schuah ond Häs,
denk ih glei, send mir it bees,
ih sieh koi G'sicht, sieh bloß en Grend.
Mensch wear bisch du ieatz am End?

Leg frei dei Herz, ond au dei Seel!
Lass Lacha heara, uff dr Schtell.
Sei fröhlich, freindlich, zoig a Freid.
Neahm dr Zeit hald au füer d' Leit.
Zoig Fremde au, diea du it kennsch.
Zoig alle hald, du bisch a Mensch!

Mensch, 's geit viele Möglichkeita,
ond seall was due, ka viel bedeita.

Sei offa, freindlich, it vrschlossa.
Lach mit deine Zeitgenossa!
Wenn au iamoal blära kennsch,
noach erkenn ih di als Mensch.

's isch oft zwar leichter gsait als dau,
doch a Vrsuach wear 's emmer weat.
Obwohl zwar Irger, Zoara au,
macht oft moal eaba hald au äat.

Links und rechts des Flusses Iller erstreckt sich das Land der Schwaben. Trotzdem sind diese durch eine Landesgrenze getrennt was manche schmerzt.

'S globale Schwoabaland

A freacher, jonger, kleiner Schpatz,
z' Ulm dond, uff'm Müenschtrplatz,
fliagt, weil er grad nix zom dua,
om Schwoabaleit, ond heart doa zua.

Leit diea voller Inbrunscht schwätzet.
Ausglau, g'scheart, anander dräzet.
Doa heart 'r zua an Bank ond Disch.
B'sonders, wenn 's politisch isch.

Wiea neilich, wo 'r heart dean Fall:
Wenn d' Wiatschaft, d' Politik, global,
noach wear 's bei eis it grad a Schand,
wenn 's gäb 's globale Schwoabaland.

Was vrmurkst, ond einscht vrlora,
ond so letzschdlich boirisch woara,

kennt ma doch, a weng vrschtohla,
sicher au moal z'ruck meh hola.

Vrbenda 's Boirisch-Schwoabaland,
mit Oberschwaben, Ondrland,
ond Hohenzollern-Wüetaberg,
ond Schtuagert, samt 'm Killesberg.

Au 's Elsass, wenn dät badisch weara,
Schtroaßburg so zua eis no g'heara,
kenn ma sicher drüeber schwätza,
ond dean wilda Süda schätza.

'S Badnerland, ond 's Schwoabaland,
wear it bloß Ländle, g'wieß a Land,
ond Baden-Wüetaberg vielleicht,
gar a Wealtmacht, wiea 's mi deicht.

Dr kleine Schpatz war ganz vrschtört
wiea er dean Dischkurs hoat g'heart.
Flattret wild am Müenschterplatz,
ond schämt sich so als kleiner Schpatz.

Angscht hoat er vor Größenwahn,
ond hofft it, dass doa sei was dran.
'S Schwoabaland a Großmacht weara?
Noi! A Schwoab heart des it geara.

Bloß Wohlschtand, Reichtum, Pietät,
soll waxa, proschperiera schtet.
Vo Macht, egal, ob groß, ob klei,
doa ka koi Schwoab begeischtert sei.

Wenn 's Ländle isch koi Ländle meh,
goaht viel vo G'müetlichkeit au hee.

Dr Schwoab der ka so was it braucha.
Denkt: Liaber klei, ond ruhig schloafa.

Drom ihr Schwoaba, all mit'nand:
Loset it, wenn oine dand
ui mit Machtparola locka.
Ond land ui it vo so was schocka.

Bloß schwäbisch offa, liberal,
isch wealtmännisch, uff jeden Fall.

Die beiden Schwäbischen Landesteile –
Württemberg und Bayrisch Schwaben –
eines der letzten geteilten Länder der Welt.

Beute Schwoaba
(Aus Sicht von Bairisch Schwaben)

Wiea seinerzeit Napoleon
als Kaiser der Franzosa,
halb Europa gschonda hoat,
Land ond Leit vrschtoße,

so dean Zipfl Schwoabaland
zwischa Iller, Lech,
der als schtarkes Gai bekannt,
Schicksal, oder Pech.

V'rmacht als Morgengabe
an's Boirisch Kenigreich.
Ma ond Maus, samt Habe,
v'rschächret sondersgleich.

Drennt vo Freind ond Brüeder,
g'köpft an Haupt ond Boi.
Wo doch so mancher liaber,
blieba wear alloi.

Augsburg, dieser Metropole,
g'nomma Ehr ond Schtolz,
aber it zua Schwabens Wohle,
moi ih grad no volz.

A Volksv'rdruss, a Gaunerei,
ond bloß dr Willkür Wille.
Doch an Achzeahhondertdrei
schluckt ma hald diea Pille.

Seitdeam sag ih drom au grob,
ond fürcht mi it vor Tad'l:
Füehl ih mi als Beite-Schwoab,
ond fend des grad blamab'l.

Boirisch-Schwaben doa d'bei,
vom Freischtaat so vrfüehrt,
ond als bloßes A'hängsl d'bei,
ond wenig äschdemiert.

Ond Mencha sieht, sag au ih heit,
ond des isch gwieß it gloga,
en Boirisch-Schwaben bis derzeit,
bloß grobe Schwoaba-Koga.

Weil en dr Gunscht bloß g'litta,
vo Beliebtheit gar koi Schpur,
ond ´s hilft koi Fleha, Bitta,
diea Bajuwara send doa schtur.

Obwohl es scho au schwierig,
weil d' Schwoaba ondranand,
sich seall vrschtandet schier it,
ond Schtreitereia hand.

Moischt sealber oft vrschuldet.
Dr Missklang hoat Schtruktur.
Doch vo alle bislang duldet,
es send hald Schwoaba pur.

Obwohl des Volk a Gottes-Gnad
doa zwischa Iller, Lech.
drom isch des eaba au so schad,
ond g'wieß a großes Pech.

So bläret Oi no heit vor Zoara
drom eaba Rotz ond Butza,
dass so komma isch ond woara,
weil koiner sieht en Nutza.

Sonscht wear ma eaba au imschtand,
bei eisrem Schaffa, Schtreaba,
ond mit Wüettaberg bei'nand,
ond grad a Großmacht eaba.

So ka ma hald bloß iebr d' Grenz,
wiea d' Boirisch-Schwoaba wotta,
bloß all diea Wüettaberger Schtenz,
vräppla ond vrschpotta.

Schwaben und Franken als eigene Volksstämme haben es nicht immer leicht neben den Altbaiern Gehör zu finden bei der Regieruing in München.

Brieaf an d' Schtaatskanzlei

A Schwoab, vom mittlra Illerdal,
schwaz, katholisch allemoal,
schreibt a Briafle, frank ond frei,
'nei an d'Münchner Schtaatskanzlei:

"V'rehrter Herr ond Präsident!
Es isch doch schändlich, hurament,
ond g'wieß a bizle au v'rmeassa,
wenn ihr d'Schwoaba all vrgeassa.

Mir fallet oft bei ui dur 's Raschtr,
wenn mir brauchet moal en Zaschtr.
Bei Mittel uss dr Schtaatskanzlei,
muaß oft dr Schwoab dr Domme sei.

Langsam wear 's doch wieder Zeit,
dass ma duet was fier eis Leit.
Dass wäxt, gedeiht all's mitanand,
doa bei eis em Schwoabaland."

Sonscht wiead 's sicher zemle herb,
weil d' Konkurrenz en Wüetaberg,
doa geit 's, moin ih, gar koi Zweifl,
hand en ganz aktiva Deifl. (*)

Ond der, weil all's globalisiert,
ond zemaglegt, modernisiert,
moit, es kennt en Zuakunft sei,
er hol des "Boirisch-Schwaben" hoi.

Hoi en 's Kernland Wüetaberg.
Ond duet sich au a Boier herb,
ma woiß joa, earscht seit 18-03
g'heart des Gai uff Mencha nei.

Mir wearet so uff jeden Fall,
au koi Schwoaba zwoiter Wahl.
Ond alle Schwoaba meh vrreint.
So wiea dr Deifl eaba moint.

(*) Erwin Teufel = ehem. Ministerpräsident von Baden-Württemberg)

Ältere Leute behaupten stets, dass früher alles besser war.
Ob wirklich alles besser war, ist jedoch zu bezweifeln.

So war 's früeher – so isch heit

Früeher! – Saget alte Leit,
war all's besser no wiea heit.
'S Leaba war normal erdräglich,
it so schtressig ganz alldäglich.

G'müetlich eaba, altvrdraut.
It oberflächlich kalt ond laut.
Heit häb koiner Zeit füer was,
außer, es breng Luscht ond Schpass.

Früeher! – Saget alte Leit,
war d' Musik besser au wiea heit.
Musik no füer G'müet ond Seel'.
Heit sei viel bloß laut ond kähl.

Polka, Walzer, Marsch, was suscht,
häb ma g'heart noach Herzensluscht.
Koi “Negermusik”, Rock'n Roll,
wenn Volksmusik sei doch so toll.

Früeher! – Saget alte Leit,
war d' Mode besser au wiea heit.
D' Ma, ond au diea Weiberleit,
noit so vrruckt, ond so wiea heit.

Alte Leit däb 's oftmoals deicha,
ma konkurrier mit Voglscheicha.
Häb Klamotta, Kutta, zom a'häsa,
ond Frisura oft wiea alte Beasa.

Früeher! – Saget alte Leit,
war 's Weatter besser au wiea heit.
It so abnormal ond krass,
moal fuzdrucka, noach soichnass.

Früeher! – Saget alte Leit,
häb 's gea diea guete alte Zeit.
Ma häb sich kenna no vrlau,
ond alles hald au no vrschtauh.

Heit sei alles so exdrem,
so kompliziert, so unbequem.
Heit schrei jeder bloß noach Geald,
als ob nix andres brauch diea Wealt.

Früeher! Früeher! – Doch oh je,
wenn isch bloß des Früeher gwee?
Wo Kriag g'herrscht, Armuet, Inflatio.
Wer vo eis Leit will des scho?

Arbeitsdäg vo zeah, zwölf Schtond.
Bloß schaffa, schufda wiea a Hond.
All's Handarbeit, ond koi Mascheena.
Ond neana was zom Geald vrdeana.

Bloß weil d' Wealt no oifach war,
ond 's Leaba g'müetlicher no gar,
soll 's sei grad so erschtrebensweat.
Ih glaub: Alte Leit denket vrkehrt.

Vielleicht hand oi heit koi Geduld,
doch d' Zeit isch it an allem schuld.
Dr Mensch isch seall sei Architekt,
ond kennt joa macha all's perfekt.

Ma will des Früeher drom it heara,
ond koi Schuld au ei'schtauh geara.
Ond ebbes woiß ih ganz beschtemmt,
dass heit viel Sacha besser send.

Nicht jeder benutzt eine Wallfahrt um Buße zu tun.

Schtoibach isch it Altötting

"Z' Altötting", sait dr Sepp, mei Freind,
"sei er doa neilich g'wea.
Doa hätt's eahm g'falla", hoat'r g'moint.
"Des däb'r wieder, doa sei 's schea."

"Des war doch sicher füer di schwierig,
ond g'wieß a'schtrengend d'zua",
sag ih, ond hear zua eahm gierig.
"Sicher brauchsch ieatz nuie Schuah?"

"Noi, des muaß beschtemmt it sei.
Ih be joa it so ganz viel g'loffa.
Diea Wallfahrt, schtand ih geara ei,
hoat am Rand mi bloß bedroffa."

"Woarom bisch it uff Schtoibach ganga?
Au doa kasch d' Senda büeßa.
Ond d' Schtrecke dät de it so blanga,
oder hoat's Altötting grad sei müeßa?",
sag ih druff, ond lueg ganz g'schpässig.

Doch der lachet bloß saumäßig.
"Woisch, des mit viele Sende büeßa,"
sait mei Freind, dr Sepp druff na,
"des dät bei mir gwieß it so b'schiaßa,
weil ih doa due scho was ih ka."

"Drotzdeam, a Wallfahrt dät mr guet,"
hau neilich g'sait ih zua mei'm Weib.
„Bloß, ih kenn hald au a Mädla guet,
z' Altötting donda, seit ra Zeit.

Ond diea hoat mir doa neilich g'schrieba,
ih hau bloß müeßa grad so luega:
Vom letzschda Moal sei ihr was blieba,
ond sui häb ieatz en kleina Buaba.

Ond des ka ih mei'm Weib it saga.
Diea dät mir uff d' Huetschnur schtauh.
Diea dät mi uss dr Hitte jaga.
Ih moi, doa dät mr d' Luscht vrgauh.“

"Sepp," sag ih, "mir leichtet's ei!
Doch schwierig wiead's füer di au glei.

Solang du warsch z' Altötting donda,
hoat au de Dei en andra g'fonda."

Doaraus kasch du ieatz au schliaßa,
witt du vorgeblich Senda büeßa,
ond loasch di mit ra Liabschaft ei,
noach ka der Weag au schtoinig sei.

Beim Wallfahra, des zoigt diea G'schicht,
hilft koi Küer, bloß Ernscht ond Pflicht.
Au wenn liab ond fesch manch Muse,
g'heart zur Wallfahrt doch bloß Buße.

Goldener Herbst in Buxheim am Weiherhausberg

Heimatliebe ist wohl Herzenssache und allzeitiges Glück das niemand missen möchte.

Mei Schwäbische Hoimet

Mei Schwäbische Hoimet,
mei Schwäbisches Land,
mei Schwäbische Landsleit,
Grüeß Gott, Ui mit'nand.

Wiea be ih doch schtolz
uff Land ond uff Leit,
ond sag drom au volz,
was mi dra so gfreit:

Wo schtand ih ond be,
ihr machet viel her,
ob Alb, oder Donau,
ob Schwäbisches Meer.

Ob Unterland, Oberland,
ob Däler, ob Höh'n,
oder Allgaier Gipflland,
mit Eis, oder Föhn.

Diea Dörfla, diea Wengert,
am Necker entlang,
ond Landsleit diea senget,
mit Schwäbischem Klang:

Vom Dal an dr Rems,
vo Gaisburg, Heilbronn.
Vo Tübinger Schtenz,
bis Rottaburg nom.

Vo Burga, vo Schlösser,
vrschtrait ieberall.
Vo Kircha, vo Klöschter,
en so reicher Zahl.

Diea Kunscht und Kultur,
so prachtvoll bei'nand,
diea aufzoigt jed' Schpur,
's Oberschwäb'sche Land.

Vo Ulm, ieber Schtuagert,
vo Augschburg bis Hall,
was g’seah ih ond g’lueget,
a Pracht iebrall.

Ob Boirisches Schwaben,
ob Wüetaberg pur,
all’s schtolz ond erhaben,
Land ond Nadur.

Obwohl scho duet kränka,
des woiß ih genau,
ond au a wenig schtenka,
ond irgra wiea d’ Sau:

Zwischa Schwoaba a Grenz
dr Iller entlang,
o Herrgott vrbend’s,
schliaß all’s wieder zamm.

Weil Schwoaba, so hoißt es:
Oi Herz ond oi Seel.
Ob hean, oder dean.
Des woiß jeder seall.

Obwohl mir eis iamoal
scho foppet ond drätzet
ond au it grad freindle
ieb'ranand schwätzet.

Schwoab bleibt Schwoab,
ob hean oder dean.
Ond ´s isch doch gottlob
au em Schwäbischa Senn.

Doch au zua de Brüeder,
en's Badische nomm,
lueg ih emmer liaber,
wenn ih d'zue komm.

Schwarzwald ond Rheintal,
wo 's Klima so mild,
mit Blick nomm en's Elsass,
au iamoal gezielt.

Doch froaget mi wear,
ob ih denn au woiß,
wo's scheaschd Plätzle wear,
sag ih grad mit Fleiß:

Em Illerdal gwieß,
's ka sonscht neana sei.
Doa geit 's koi G'schieß,
weil doa ih doahoi.

Mei Schwäbische Hoimet,
mei Schwäbisches Land,
wear 's anders, hett g'heinet
ih om mein Vrschtand.

Mei Schwäbische Landsleit,
sag ih no d'zua:
Ih woiß, ihr vrschtandet 's,
ond schtemmet mir zua.

Drom will ih am End,
wenn's oimoal muaß sei,
dass 's Leaba v'rrennt,
au begraba doa sei.

Was bedeutet Heimat? Ist Heimat da wo man geboren wurde, wo man seinen Lebensmittelpunkt hat, oder da wo man sich am wohlsten und geborgensten fühlt?

D' Hoimet

Wiasch als Menschle du geboara
´nei en d' Wealt em Sauseschritt,
wiead Hous ond Hof soglei erkora,
als dei Hoimet, wenn so witt.

Ond dei Hoimet, liabes Kendle,
neammt di auf, behüetet di.
Sorget, dass guet uss de Wendle.
Schtoaht dir bei mit Garantie.

Ond du duesch di an dei Hoimet,
an dean so vrdrauta Platz,
g'wöhna, dass so mancher heinet,
wenn vrliert er diesen Schatz.

Drom due d' Hoimet, sei vrmeassa,
au wenn's Schicksal andres will,

selbscht en dr Fremde nia vrgeassa,
weil du vrdanksch dr Hoimet viel.

Vrdrau uff's Herz ond hear eahm zua,
ond halt dei Hoimet hoch,
ond weiter, wenn witt Guetes due,
pfleag au dei' Hoimet-Schproach.

Weil doa dra ka a jeder schpüera,
dass d' Hoimet dir a großer Schatz.
Wo di's Schicksal na duet füehra,
füer Boides geit's it leicht Ersatz.

Man schätzt zwar die Tüchtigkeit der Schwaben im In- und Ausland, aber sowohl die Eigenart der Schwaben, als auch insbesondere deren Sprache wird oftmals ein wenig belächelt und als rauh und derb eingestuft.

Allerhand vom Schwoabaland wia Knöpfla, Pflutta, Duranand

Froag en Fremda noach 'm Schwoab,
noach kasch oft heara er sei grob.
Alloi sei Schproach sei rauh ond derb
ond wiea dia Schwäbisch Alb so herb.

Drweil, 's müeßt au a Fremder heara,
wiea a Schwoab schwätzt fei ond geara,
vo Mädala, vo Schätzla, Meisla,
vo Fabrikla, G'schäftla, Güetla, Heisla.

Vom Ländle, wo 'r wohnt ond hauset.
Vo Schtädla, sauber, wiea ausbloaset.

Vo Leitla, grüebig, düftlig, g'scheid,
ond G'müetlichkeit diea 's doa no geit.

Wer so schwätzt, so woich ond rond,
so herzig, freindlich, grüebig ond,
so liabreich wiea dr Schwoab all'moal,
hoat sicher bloß a rauha Schal.

Dr Schwoab wiead eaba oft vrkannt,
grad so wiea 's ganze Schwoabaland.
Land ond Leit hand 's drom au schwer,
vom Ondrland zom Schwäb'scha Meer.

Au wiea dr Schwoab sich nähra duet,
dond manche ab als alta Huet.
Doch diea Kuche muesch probiera.
Noach earscht schwätza, diskutiera.

Zwar isch it fremd Nouvelle Cousin.
Au Fastfoot, ond so and're Schpleen.
Ond Grandhotel, wiea Schlemmerhöf,
geit es g'nua füer Kneacht ond Chef.

Hausmannskoscht doch, fei ond guet,
leit em Schwoab hald me em Bluat.
Ond weil a Schwäbin hald vrschtoaht,
dass d' Liab au dur da Maga goaht.

Bei Lensa, Schpätzla, saure Kuttla,
hearsch drom Schwoaba sealta bruddla.
Ond au Pflutta, Knöpfla, Duranand,
a Leibschpeis send em Schwoabaland.

Noach Kesselfloisch vo mancher Sau,
moal saure Nierla, Leaber au,

gar Bluat- ond Leaberwischt mit Kraut,
hearsch schreia manche zemle laut.

Uff Tafelschpitz ond Oxabruscht,
ond Saumäga hoat ma a Gluscht.
Krautkrapfa ond Ranzaschteacher.
Guete Sacha noach ond nöcher.

Broatwischt, ohne Darm ond nacket,
wenn ganz frisch em Teller flagget,
mit Grombiera-Salat ond Soß,
fendt scho mancher grandios.

Nudla, g'schupft vo Schwoaba-Mädla,
Mauldäscha in Brüeh, ond Flädla,
Kässchpätzla mit Zwiebel, gröscht,
oder greane Knöpfla z'letzschd.

En Auflauf, oder Dampfnudla,
mit Schuebet bacha, ohne hudla.
Küechla, oder sonscht was Süeß.
Oder gar a Muas vom Grias.

Kraut ond Gruiba, Platz ond Zealta.
Dr Schwoab loat alles Guete gealta.
En Schtopfer, oder Fleack ond Beer.
Was will a Schwoabaherz au mehr.

Mill ond Brocka, Häbres Muas.
A Scheiterhaufa gar zom Schluss.
Bloß oft am Sonndig sait'r frei:
Es kennt a Roschtbroata au sei.

Oder au amoal a Wild,
vo Hirsch ond Reh so zart ond mild.

Mit Schpätzla, Soss ond Preiselbeer,
ond am G'müesle neabaher.

Ond, wenn alles reichlich war,
vielleicht als Loibede sogar,
des Gleiche no bis Aftermeetig.
Doabei wiead a Schwoab it grätig.

Zur Brotzeit Schiebleng, Leabrkäs.
En Backschtoi-Käs it gar so räs.
A saura, ond a schwaza Wuscht.
Pressack rot ond weiß, noach Gluscht.

En Moscht, oder en gueta Wei,
a roter Trollenger kennt 's sei,
en Obschtler no vom Bodasee,
ih als Schwoab will gar it meh.

Wenn a Fremder drotzdeam sait,
es seied rauh diea Schwoableit,
ka's bloß sei, wia mancher woiß:
A Flichtleng, oder gar a Preiß.

In seiner Art, wie in seiner Sprache, gleichermaßen unverstanden fühlt sich der Schwabe manchmal und wirkt dadurch in sich gekehrt und verschlossen.

Mir Schwoaba

Was send mir Schwoaba doch füer Leit?
Send mir so schterr ond schtur,
wiea mancher en dr Wealt duss sait?
Hand d' Schwoaba koi Kultur?

Send Schwoaba denn so rauh ond derb,
wiea's mancher duet beschreiba,
oder dond mir eis bloß herb
mit schwätza, ond land's bleiba?

Es soll grad eaba sei wiea's will,
mir land eis it beirra.
Mit eis Schwoaba, so mei G'fiehl,
isch scho ganz guet g'schirra.

Ond wenn amoal wear andres sait,
send bruddlig mir zwar geara,
ond dond, dass koine Händel geit,
ganz freindlich oi belehra:

Dass mir Schwoaba brave Leit
ond ´s Herz am reachta Fleack.
Niamoals ebbem dond was z'loid,
ond Freid am kleinschta Dreck.

Dass mir Schwoaba schaffige Leit,
bloß schpara, Heisle baua,
ond machet, dass all's passt soweit,
ond pfleaget ´s Gottvrdraua.

Dass mir Schwoaba luschtige Leit,
ond geara scherza, lacha.
Gmüetlich, z'frieda send soweit,
ond au moal Schpässla macha.

Dass mir Schwoaba au send Leit,
diea andre au no leaba land.
Gelassa bleibet, jeder Zeit,
ond moischt nix O'reacht's dand.

Dass mir zwar au Guet ond Geald
ganz geara möget, geit's.
Ond mancher sich oft kähl vrhält,
ond drait sei Geald en d' Schweiz.

Au dass mir Schwoaba iamoal leidet,
wenn ebber eiser Schproach it ma,
ond dass mir andre iamoal neidet
ihr Preißa-Gosch, diea eis goaht a.

Dass d'Schwoaba aber eaba grad,
wear will, soll es beklaga,
a Volk vo reinschter Gottes-Gnad,
möcht ih zwar au no saga.

Wenn ein Fischer beim fischen in's philosophieren kommt ist die Ausbeute vielleicht auch mal ungewiss.

Iller-Fischer

Schtondalang am Ufer-Roi,
wiea gottvrlau so ganz alloi,
hockt a Fischer an der Iller,
woiß it soll'r, woiß it will'r,
mit dr Angel fischa gauh,
oder d' Fischla leaba lau.

Nix Guetes es füer's Fischle hoißt,
wenn's om Fischers Angel kroist.
Angscht, dass ´s Leaba isch vrlora,
sieht sich's en dr Pfanna schmora.

´S koscht da Fischer drom a Müeh,
dur’s Iller-Wasser d’ Angel ziah.
Er kennt sich au en O’schuld bada,
ond kaufa ´s Fischle glei em Lada.

Belaschda duet’s drom Fischer’s Hira,
des denka ond philosophiera.
Bis schliaßlich siegt, kriat Oberhand,
glasklar noach sei Sach-Vrschtand.

Ond der sait Fischers-Ma hear zua:
Lass des Fischle doch en Ruah.
Lass deam Dierle doch sei Leaba,
´s leabt wiea du so geara eaba.

Heit no duet drom ´s Fischle, klar,
schwemma en dr Iller gar.
Dr Fischer aber hoat, der Dropf,
nix zom freasse g’hett em Topf.

Illerlauf zwischen Buxheim und Arlach zur Winterszeit

Die Iller lädt viele zum Wandern und Verweilen ein.

Iller-Schpaziergang

Wenn ih oft schpaziera gang,
an dr Iller so entlang,
ohne Eil ond ohne Schtress,
Richtung Fealla, oder Pless,
schpüer ih, doa be ih doahoi.
Ond so soll's bleiba, emmer sei.

Ih brauch it gauh noach USA.
G'wieß au it noach Kanada.
Au Auschtralien muaß it sei.
It China, Russland, it Türkei.
Ih füehl mi wohl bei mir doahoi.
Doa alloi bloß will ih sei.

Andre Länder send g'wieß schea.
Doch leab ih, ohne dass ih 's g'seah,
grad so guet, ond be au z'frieda.
Vielleicht be ih a weng vrschieda,
vo andre Leit, ond wenn, gottlob.
Doch so be ih hald als Schwoab.

Ond bodaschtändig, wiea ma sait.
Vrbonda guet mit Land ond Leit.
Kenn au jeden Schtock ond Schtoi,
füehl mi drom so wohl doahoi.

So soll's bleiba bis zom End,
ond ih mei letzschda Ruah doa fend.
Zwar soll des zemle lang no daura,
lang noit due uff 's End' ih laura.

Isch 's noach doch amoal so weit,
dass alle Löffel weg ih keit,
ond duss am Friedhof lieg alloi,
schterrig wiea vom Grab dr Schtoi,
noach soll 's bloß sei em Illerdal,
weil des mei Hoimet isch amoal.

Ih sag, ond bleib ganz g'wieß d'bei:
Mei Illerdal, ih bleib dir treu.

Der "Illertaler" ist, wie man hin und wieder hören kann, eine besondre Spezies von Mensch und Rasse. Ob das so ist, soll jeder für sich selbst herausfinden.

D' Illerdäler Menscharass

Mir Illerdäler send a Rass,
doa kasch de it beschweara.
Nix isch iebrdrieba, krass.
Ganz grondsolid dr Keara.

Kennet's andre it vrschtauh,
noach leit's wohl it an eis,
ond ma muaß eis scho so lau.
A Schwoab isch nia a Preiß!

Mir Illerdäler, mir send Leit,
doa braucht's koi Fantasie,
füer diea Hoimet Glück bedeit',
ganz onder Garantie.

Mir Illerdäler send ganz klar,
mit eis'rem Gai vrwoba,
ond sicher a ganz guete War,
ond g'wieß guete Schwoaba.

Jedenfalls, so goaht diea Mär,
obwohl's it reacht geheier,
bis iebr Kempta 'nauf o'gfähr.
Doch wiea send d' Oberallgaier?

Schwätzed iebr eis oi gscheid,
noach haltet mir eis z'ruck.
Oft isch bloß dr pure Neid
uff eiser Glück a Schtuck.

Ond fendet d' Illerdäler Schproach
moal andre Rassa au saugrob,
mir Leit sehnet eis doanoach,
ond send druff schtolz, gottlob.

Sollet doch so gscheide Preißa,
mir send doa it scharf,
hochdeitsch ihra Gosch vrreissa,
mir hand koin Bedarf.

Maulfaul, wenn eis ebber fendt,
noach ka des scho moal sei.
Mir bruddlet eaba me am End,
ond des schtoaht eis doch frei.

Mir Illerdäler häbet Grend,
diea seied schterr ond schtur.
Gott sei Dank, dass mir so send,
bei eis g'heart's zur Kultur.

Grobschlächtig, wenn eis oi'r fendt,
dond mir eis it beschweara.
Wo Flur ond Fealder bucklet send,
wiea soll der Mensch doa weara?

Au isch sicher gar it woahr,
ond ganz schtark iebrdrieba,
dass mir bloß schaffet 's ganze Joahr,
doa zweifla ih entschieda.

Wenn's Auto putzt,
ond 's Höfle kehrt,
dr Rasa g'schtutzt,
dr Mill ausg'leert,

's Heisle baut ond zahlt,
bevor ma sich vrsieht,
dond au mir iamoal mit G'walt,
nix, wenn's koiner sieht.

Au, dass manch Illerdäler kähl,
isch iebrdrieba ond a Mär.
Mancher reachnet eaba schneall,
bevor er 's Geald geit her.

Mir meget Leit ond Vatterland,
ond send au schtolz druff no.
Wenn oine nix am Huat doa hand,
noach send se it vo doa.

Ond duet des oiner it vrschtauh,
ka alles it begreifa,
noach soll er 's eaba bleiba lau,
ond wiea dr Käs earscht reifa.

Diea Illerdäler Menscharass,
der guete, gsonde Schlag,
isch, sag ih mit ebbes Schpass,
diea reinschde Gottes-Gnad.

'S Illerdal, des woiß ih gwieß,
doa mueß ih mi it schäma,
isch au 's reinschde Paradies,
des lass ih mir it neahma.

Drom Illerdäler hand en Schtolz,
ond haltet all's en Ehra.
Mir send gwieß uss guetem Holz,
wend au nix andres heara.

Fendt au mancher moal en Grond,
en Wüetaberg ond Boirisch Schwaben,
en so mancher dunkla Schtond.
Mir Schwoaba drieber send erhaben!

Die erfundene Mär vom Illergrattler

Dr Illergrattler

Es goaht a Mär em Illerdal
landauf, land-a ond iebrall.
Am Illerlauf, doa en der Au,
däb ab ond zua a Grattler schtauh.

A Grattler der koi Ruah it fendt,
bloß em Illergrias romschpennt.
A Weasa schei, fuxdeiflswild,
der pass en gar koi Menschabild.

D' Figur vrlottret, wiea au ´s Häs.
Wiascht dr Grend, a Hoaka-Nes.
Hoar wiea Butzwoll, diea vrlauset,
dass faschtgar em Deifl grauset.

Koin Zah' it en dr Goscha denn,
Händ wiea Kralla vo ra Henn.
Kuz ond guet, bei eis em Land,
als Illergrattler wohl bekannt.

Dr Fehldritt vo dr scharfa Feel,
diea mitonder wüescht ond kähl,
schuld, dass doba uff dr Alp,
g'hauset er bei Kuah ond Kalb.

Wohl als Älpler, heat ond zäh,
lufdig g'leabt bei Hack ond Kräh,
joahrweis en dr Alpawealt,
wo's hoat eahm an gar nix g'fehlt.

Bis'n ´s Schicksal wieder beitlet,
jede Zuakonft eahm vreitlet.
G'nomma hoat'm jeden Fall,
em Allgai dob sei Hitte, Schtall.

Ond drotz Wuet ond großem Zoara,
vrjaicht isch ond vrdrieba woara.
Dr Iller noach, ond so vrdronna,
wohl en eiser Gegend komma.

Dr Alkohol, a schlemmer Freind,
war wohl schuldig, wiea es scheint.
Vrkraftet hoat'r ´s Schicksal nia,
doazua Gift ond Galle g'schpiah.

Vrschwonde isch'r uss dr Wealt,
wo's bloß goaht om ´s große Geald.
Reacht ond Pflichta, isch'r schtur,
intressiert it, bloß d' Nadur.

A G'schicht, a Moritat, a Schmerz,
diea viele goaht iamoal ans Herz.
Doch dr Illergrattler, wiea ma woiß,
macht oim bloß als Legende hoiß.

Jeder liebt wohl seinen Heimatort und möchte ihm ein Denkmal setzen.

Mei Hoimetdörfle

(Tannheim / Württemberg)

Wenn ih doahoi durch 's Dörfle gang
wo ih dereinscht geboara,
wiead mir der Weag oft zemle lang,
vom Milchwerk bis zom Daaschoara.

Ih mueß viel luega lenks ond reachts,
was alles sich v'rändra duet.
Was abg'rissa, weil alt ond schleacht,
ond wo es geit meh nuies Bluat.

Doch wenn ih wirklich Sehnsucht hau,
ond denk an d' Kendheit z'ruck,
bleib ih am Friedhof doba schtauh,
ond lueg rondom a Schtuck.

Wenn lenks ih meine Auga dreh,
noach goaht mei Blick en d' Halda na.
Als Hiatabua war 's doa oft schea,
wenn 's Vieh ih doa na drieba hau.

Ond weiter iebr oizächte Höf,
d' Auga dommer fascht gar weh,
zwischa Flugplatz ond 'm Illerwerk,
doa leit der Weiler Egelsee.
Deam g'heart mei ganzes Augamerk,
weil es doa oft b'sonders schea.

Schwenk ih weiter nomm mein Blick,
komm ih uff Adla ond zom Oyhof.

Vo Adla aus kasch d' Iller seah,
zuamendescht a klei's Schtuck.

Au reachts nomm isch mei Aug' it blend,
sieht Goldberg, Allmand ond Vrsatz.
Viel Wald bis weit en 's "Kremml" hend.
Füer d' Liab oft a vrschwiegner Platz.

Doch vor mir seahet meine Auga,
wenn ih vom Berg en 's Dorf nagugg,
ih sag ui Leit, des duet mir dauga:
d' Kircha, 's Schloß ond d' Lourdesgrott.

Au, wenn ih ieber 's Dörfle 'naus,
mein Blick will kroisa lau,
noach lueg am beschda ih gradaus
ond bleib a bizle schtauh.

Ih sieh it bloß des Keppale schtauh,
z' Kro'wenkl dob am Berg,
ih sieh diea Pracht vo Alpa au,
da Blick zom wenda fellt doa herb.

Sieh ih dea Hemml, wenn 'r blau,
wiead 's mir om 's Herz fascht bang.
Wear ka diea Wonder scho vrschtauh?
Ih hoff, ih sieh 's mei Leaba lang.

Ond duet dr Dod mi moal ereila,
wear dieser Friedhof, sait mei Gfiehl,
wo meine Leit scho lang vrweila,
füer mi des schtark erwünschte Ziel.

Das Glück braucht nicht Paläste.
Das Glück braucht nur ein Nest.

Mei Hoimethaus
in Tannheim im Illertal

Em Dörfle, doa am Ortsausgang,
wo gablet d' Schtroaß sich 'naus,
uff Halda, Egelsee, a Schtrang,
doa schtoaht mei Hoimethaus.

A Heisla ganz uss purem Holz,
wiea 's g'heart füer d' Zemmerleit,
war seinerzeit dr ganze Schtolz,
füer meine liaba Leit.

Doa isch mei Wiage g'schtanda,
wiea Kend ih war ond kloi.
Ih ka earschd 's Glück v'rschtanda,
seit futt ih vo doahoi.

Als Noachbr Kirch ond Schloss,
wiea hau ih mi dra g'wöhnt.
Schtark ond majeschtätisch groß.
Wiea war des schea als Kend.

War d' Zeit au iamoal schwierig,
weil 's Schicksal brengt viel Not.
Ond war ih au uff viel Zuig gierig,
hau ih doch g'hett mei Brot.

Mi ziaht 's heit oft no an dean Ort,
ond zua mei'm Hoimethaus.
So lang ih leab g'wieß, emmerfort,
bis hauch ih 's Leaba aus.

Romantische Bächlein entfalten oft viel Kraft und haben schon Großes geleistet und ganze Firmen, wie speziell Mühlen, am Laufen gehalten durch den Antrieb gewaltiger Mühlräder.

Dr Müehlebach

(Beschreibung des Tannheimer Mühlenbaches)

Oh Müehlebach, du Quell der Freid,
lass deine Wasser fliaßa.
Dreib's Müehl'rad a, zua jeder Zeit,
dr Müller ma's begrüeßa.

Als Bächle klei, grad wiea beschtellt,
blenzlet's, lueget's nei en d' Wealt,
ond füehlt sich fascht a weng vrlora.
Z' Dahna, dob em Daaschoara.

'S fliaßt, beginnt doa dob sein Lauf,
kommt an 's Liacht ond schnaufet auf.
Suacht sein Weag uff seine Art.
Schlengelt sich au ganz apart,
'na en's Dörfle, 'na en's Dal,
bei Sonnaschei romantisch drall.

Bei Schturm ond Reaga au moal wild,
dritt er ieber's Bett ond schwillt,
so dass als Bach, ganz o'vrhofft,
er a'fangs au moal iebrlauft.

Er lauft dur Fealder, wiea dur Wiesa,
will sei Freiheit lang genießa,
bis 'r letzschdlich, 's isch a G'frett,
eizwengt wiead en's reachde Bett.

Schtrafft sein Lauf, ond kriat a Kraft,
bis 'r luschtvoll schliaßlich schafft,
dass'r kommt mit freid'gem G'füehl,
a am earschda Müehle-Ziel.

'S Müehlerad fangt a zom schnaufa:
"Müller ieatz hoißt's woidle laufa.
Koara hea, ond Meahlsäck g'richt!
Auf goaht's Müller, due dei Pflicht!"

Doch's Wasser loat sich it vrheba,
duet zur zwoita Müehle schtreaba,
ond wieder g'neischdet 's Müehlerad,
ond brengt da Müller so uff Drapp:

"Auf goaht's Müller, Kleie kotza,
it om d' Müllersfrau schmarotza.
'S Koara, 's leichdet jedem ei,
will joa schliaßlich g'mahla sei."

Ond weiter goaht's, ieatz ei'gzwengt,
en Ondrgrond iamoal vrsenkt,
em Bett des hoat dr Mensch erschaffa,
bevor 'r d' Rois duet fetig macha.

Doch ohne Weh, ond ohne Ach,
weil zahm heit isch dr Müehlebach.
Anders früeher, kommt's mir vor,
wo er no en de Flegljoahr,

voll Iebrmuet it grad so nett,
vrlau hoat manchmoal au sei Bett.
Üebrschwemmt hoat Hof ond Haus,
bevor 'r isch zom Dörfle 'naus.

Oh Müehlebach, du Quell dr Freid,
lass deine Wasser fliaßa.
Dreib's Müehl'rad a, zua jeder Zeit,
dr Müller ma's begrüeßa.

Ein etwas abgelegener, doch schöner Wildpark mitten im Wald, der Ruhe und Erholung bietet für jedermann.

Was könnte die Sinne mehr beruhigen als Wald und Tiere?

O y h o f

(Gräflich Schaesberg'sches Forsthaus
mit Wildpark in Tannheim im Illertal)

Gang ih iamoal en Oyhof 'naus,
sieh dean Wildpark so vor mir,
hau a Freid ih, 's Herz goaht auf,
all's so schea, was daugt au mir.

Ih sieh' Rehla. Ih sieh' Böckla.
Ih sieh' Kitzla fascht wiea g'moalet.
Saua viel, mit schwaze Söckla,
wualet rom em Dreck ond roalet.

Iebr mir doa sengt 's ond pfeift 's.
Scheaner klengt 's en koi'm Konzert.
Müeh hoasch bis des all's begreifsch,
ond vrschtoahsch, des Pfeifkonzert.

Wenn ruig ih be ond gang a bizle,
sieh ih au it bloß Reh ond Kitzle,
manchmoal fend ih au a Plätzle,
wo schpielet, foiget Oichkätzle.

Ond a Ruah schtrahlt aus der Wald,
obwohl 's so raschlet, pfeift ond sengt.
Froh ond glücklich füehlsch di bald,
wenn d' Natur di so omrengt.

Wo ih au lauf, d' Freid heart it auf,
ond lang no kennt ih des vrdraga.
Vo Adla bis zom „Riadhof“ 'nauf,
d' Natur au heil no, ohne Klaga.

D' Iller rauscht ond zischt drneaba
dräg, romantisch, gmüetlich, flau.
Doch koldrig, wild, ond au vrweaga,
kenn ih d' Iller eaba au.

A Vrweil ond Ruaheplatz,
a nettes, kleines Paradies.
Füer Herz ond Seel' a großer Schatz,
des woiß ih sicher g'wieß.

Teile eines Volksstammes, oft verkannt und unbeliebt?

Boirisch Schwaben

Boirische Schwoaba
dia hand's zemle schwer.
It beliebt, ganz o'gloga,
ond des kränkt oi sehr.

Für en waschechta Boier,
bloß reig'schmeckte Kloba.
Für Wiataberger drneaba,
send's gar koine Schwoaba.

Ieatz sag mir, mei Liaber,
wear soll des vrschtauh,
wo's Völkle so schtolz
uff ihr Ländle doch au.

Wo zwischa Iller ond Lech
als Schwäble zom leaba,
doch Glick ond koi Pech
ond Gottesgnad eaba.

Wohl koiner möcht's missa,
ih sag's grad wiea's isch.
Wear's anders, wohl b'schissa,
so lammer's wiea's isch.

Mein Freund der Baum spendet Ruhe und Kraft.

A alta Lenda

Am Dorfplatz schtoaht a alta Lenda.
Mächtig groß ond schtark.
Duet mir reichlich Schatta schpenda.
Em Sommer wortlos, karg.

Em Wenter drait se Eis ond Schnee,
ond Rauhreif wiea Brillanta-Schmuck.
Wer 's au sieht, der fendet 's schee.
Lenda, du mei herrlich 's Schtuck.

Ond om da Schtamm a Ruahebank,
als wenn se mir will saga:
"Hock de hea! Vrgiss dein Zank.
Kasch ruhig 's Leid mir klaga."

A Herzlichkeit so ganz gediega,
koi Mensch duet hendrfroaga,
ond ondr Garantie vrschwiega,
ih denk des isch it gloga.

Ih füehl mi noach so glei geborga.
A Kraft durchziaht mein Ranza.
Hau ih vrzehlt ihr meine Sorga,
noach be ih frei ond ka me danza.

Diea Lenda isch mei Mittelpunkt,
zua ihr ka ih schtet's komma.
Schpendet Kraft ond isch vrschwiega,
bess're Freind fend ih g'wieß nomma.

Das Glück zeigt sich oft in den einfachen Dingen
man muß es nur erkennen.

Ond’rem alta Has’lnuss

Ond’rem alte Has’lnuss
doahoi bei mir em Gata,
uff’m Bänkle hendaduss
des oft uff mi duet wata,

hock ih iamoal mit Freida,
d’ Nes voll Blomaduft.
A Plätzle zom beneida
en warmer Sommerluft.

Duet’s om mi rom no pfeifa,
duet senga Amsel, Schtar,
isch des a Glick zom greifa.
A Plätzle wonderbar.

Bei jeder kleine Rascht
keahrt Gmüetsruah soglei ei,
befreit vo Sorg ond Lascht,
es ka nix scheaner sei.

Z’friedaheit, Behaglichkeit,
all’s hau ih om mi rom.
Zemle viel en heit’ger Zeit,
wenn lueg ih mi so om.

Genieß ih d’ Ruah a Schtuck,
wenn schaff ih omanand,
weicht au glei aller Druck.
All’s goaht leicht vo’r Hand.

It weißer Schtrand, it blaues Meer,
it Gra'hotel, feif Schteara schwer,
ka mi en d' Fremde locka.
´s Glick duet uff'm Bänkle hocka.

Weil ond'rem alta Has'lnuss
doahoi bei mir em Gata,
fend Frieda ih, ohne Vrdruss,
uff nix andres mueß ih wata.

Schön, auch in der Tierwelt Freunde zu haben.

A Ams'lpaar

Wiea ih bezoga hau mei Haus,
mit mei'm Weib am Arm,
denk ih no: Ieatz wär Applaus,
angebracht ond hett en Charm.

Bald druff na sieh ih em Gata,
a Ams'lpäärle uff eis wata.
"Grüeß Gott mit'nander", hau ih g'sait.
"Ihr machet eis a große Freid".

Diea hand's wohl au vrschtanda.
Hand glei g'schnäbelet ond g'schaut.
Ih sag: Bleibet doch a weng doahanda,
ond hau mr kaum no schnaufa draut.

Diea fliaget uff mein Epfelbaum,
ängschtlich gwieß, zur Sicherheit,
pfeifet, senget, 's isch a Draum:
A Willkomma füer eis Leit.

Seitdeam send des eis're Freind.
Au mir füer diea, wiea 's mir so scheint.
Send Dauergäscht bei eis em Gata.
Grad a Freid, ka ih bloß saga.

Am Morga scho dond diea begenna
mit Pfeifa ond mit Liadla senga.
Sicher extra ond mit Fleiß.
Diea Vögala vrwehnet eis.

It wiea mei Wecker laut ond schrill,
diea wisset besser was ih will.
Gand it uff d' Nerva mir am Morga,
ond brenget Freid mir, koine Sorga.

Ond moischt da liaba, langa Dag.
Zua goaht's wiea em Daubaschlag.
G'schäftig send se, fliaget rom,
vor em Hous ond henda rom.

Bauet Neaschdr, kriaget Kender,
heget, pfleaget, guet ond mender,
en Schtreicher, Hecka ond en Beim.
Diea füehlet sich bei eis doahoim.

Freasset Wirmer mit Begeahra,
dass se groß ond kräftig weara.
Obscht ond Beera neahmt ma mit,
dass ma g'sond bleibt ond au fit.

Wenn 's Weatter kalt, ond saua duet,
gand uff Wealt-Reis diea - weit futt.
An 's Mittelmeer, en warme Länder,
em Wissa, dass ma leabt doa gsender.

Diea Vögala diea send doch g'scheid.
G'scheider oft wiea manche Leit.
Wend koin Wenter, Eis ond Schnee,
doch b'suachet eis em Sommer meh.

Wenn die Stare wieder da sind ist es Frühling

Schtarazeit

Es isch a Leaba me em Haus
es pfeift ond sengt em Gata
bei Schtara isch dr Urlaub aus
hoat's kenna kaum vrwata.

Früehleng, er bricht wieder aus
ma sieht's an alle Ecka
A zartes Grea dreibt wieder aus
d' Luft duet herrlich schmecka.

Schneeglöckla, ond Wenterleng
a Freid wiea diea sich müehet
dass, wenn d' Sonna a klei weng
schtrahlt, scho Blüemla blüehet.

Palmkätzle ond Mezanudla
earschde Früehlengsbota
sachte no, ganz ohne hudla
dond Hoffnong viel vrroata.

Wiea wondrvoll doch diea Natur
ma ka's a allda betrachta
Vo Krise iebrhaupt koi Schpur
des sott ma it vrachta.

Wohl dem der das urbane Leben, das in vielen ländlichen Gegenden noch vorherrscht, noch erleben kann.

Bei de Baura duss em Land

Wenn ländlich riacht a weng diea Luft,
Kuah- ond Sauschtall gend en Duft,
wenn Henna pfludret omanand,
Hond ond Katza send bei'nand,
wenn Mischt ond Lachaloch am Hous,
mit Gumper wo ma bumpet raus,
wenn d' Heiser groß wiea Burga send,
ond drotzdeam jeder jeden kennt,
wenn des siehsch ond hoasch Vrschtand,
woisch, ieatz bisch em Bauraland.

Wo saftig grea no d' Wiesa send,
wo 's Vieh no g'hüetet wiead vo Kend,
G'mües ond Grombiera am Feald,
des nia bei guetem Eassa fehlt,
wo 's Koara duss am Acker schtoaht,
schea goldgelb reif em Oabedrot,
wo Obschtbeim siehsch mit Epfl, Bira,
freisch de ond du muesch kapiera:
Bauer, wiea ma sieht ond g'wohnet,
wiead vom Herrgott reich belohnet.

Wenn dur scheane Wälder laufsch,
d'bei a g'sonda Luft ei'schnaufsch,
wo Reh ond Hasa siehsch beim äsa,
hearsch Vög'l senga, andre Weasa,
wenn alles paradiesisch isch,
woisch, dass bei de Baura bisch.

Ond uff amoal sait dir dei G'füehl:
Ieatz hoasch du erreicht dei Ziel.
Wenn am Land schpüersch 's pure Leaba,
z'frieda, glücklich sei kasch eaba.
Doa wo d' Natur siehsch waxa, schprießa.
Wohl deam, der all des ka genießa.

Jeder, der es erlebt, und ländliche Romantik liebt,
wird sensuchtsvoll daran denken.

Hüetabua – Romantik

Hüetabuaba, wiea 's moal war,
diea geit 's heit eaba nomma.
A Weidezau, isch jedem klar,
hoat diea Funktio iebrnomma.

G'wieß modern, ond leichter no.
Doch wo bleibt so d' Romantik?
Als Hüetabua warsch wichtig no,
a Zau macht eher grantig.

Als Hüetabua warsch no a Kerle,
ond Herr vo Küeh ond Schompa.
Oft au füer jonge Mädla g'fährle,
warsch Lausbua, onder Lompa.

Schea war drom des Hüetaleaba,
füer alle Buaba duss em Land.
Selbscht bei Wend ond Reaga,
hoasch g'het 's reachde G'wand.

Mit 'm Vieh warsch eng vrbonda,
ond hoasch all kennt beim Nama.
Niamoals deine Dierla g'schonda,
wiea jeder des ka ahna.

Hoasch schnalza kenna mit dr Gois'l,
ond dir vrschaffa so Reschpekt.
Schpiela moal mit Dreck ond Krois'l,
ond 's Leaba fascht perfekt.

Ond warsch als Hüetabua uff Zack,
hoasch g'hett dei Vieh em Griff,
ond hoasch was g'hett em Hosasack,
noach hoat all's g'hett en Pfiff.

A Gois'lschnur, a scharfes Measser,
a Schtoischleider vielleicht d'zua.
Nägl, Schrauba, kloi ond greaßer,
ond Kaschtana meh wiea g'nua.

A Lagerfuier au ganz wichtig,
warsch dussa du da ganza Dag.
Wenn Grombiera du flichtig,
hoasch broata uff'n Schlag.

Ond au dr Duscht so zwischanei,
der di hoat manchmoal ploaget.
Koi Problem, warsch schneall d'bei,
d' Mill ganz frisch dir b'sorget.

Vom Eiter weg direkt en's Maul.
Was hoasch du braucht no meh?
Kuahwarm, frisch, war gar it faul,
vo dr beschda Kuah isch g'wea.

Ond zom raucha, was füer G'frett,
dürre Blätter, Judaschtrick.
D'bei oft d' Hos vrschissa g'hett,
a schleachtes G'sellaschtick.

Doch wenn ih denk an all diea Joahr,
wiea Hüetabua ih g'wea.
So war dia Zeit oft schwierig zwar,
doch ganz romantisch au ond schea.

Heute bin ich noch ein Rind, morgen vielleicht schon ´ne Kuh.

Winter ade, Fasnet isch schee.

D' Fasnet

Em Ober- wiea em Ondrland,
wiead Fasnet gfeiret omanand.

Zuagauh duet’s bei Alt ond Jonga,
iebrall wiead danzt ond gsonga.
Oft woisch it wear Weib, wear Ma,
denn all hand Maschkrahäser a.

Moischtens send’s reacht wilde Koga,
jugget rom en Krois ond Boga,
seahet glei zom fürchta aus,
krakeelet, ´s isch a wahra Graus.

A Büttaredner schwätzt oft schlau.
A Guggamusig macht Radau.
Farbafroh d’ Perücka-Häärla,
bei Oizächte ond Liabespäärla.
Gfeiret wiead, ond gschwätzt ond bloaset,
moal bussiert ond au liabkoset.

Macht dr Kreislauf au moal schlapp,
lauft doch dr Alkohol it z’knapp.
D’ Sorga wend hald iamoal geara
em Voll-Rausch wohl ersoffa weara.
Wenn au iamoal g’kotzt ond g’schpia
oi bis morgens en dr Früeh.

Doch wear nia goaht uss sich raus,
feiret nia en Saus ond Braus,
koi Fasnet kennt mit Hipp-Hurra,
bei deam goaht’s Leaba bald berg-a.

Drom: Oh Schwoabaland weiß blau!
Auf goaht’s mit Hurra-Helau!

Der Frühling ist Nachfahre des Winters, doch auch Vorbote eines Sommer voll Wärme und Lebenslust.

Früehleng wiead's

Früehleng wiead's, des schpüer ih meh,
wenn ih moal duss em Freia be.
Freidig hau ih's scho vrnomma,
dass dr Lenz will wieder komma.

Dr Wenter isch joa schleacht bei'nand,
goaht drom g'wieß bald uss'm Land.
Koi Energie, koi Saft, koi Kraft.
Vrbei dia Gaude, des wär g'schafft.

Eis ond Schnee duet nomma schmerza,
Sonnaschei wärmt ieatz meh d' Herza.
D' Luft isch nomma eisig kalt.
Früehleng wiead's, des schpüer ih hald.

Balsam isch 's füer schterre Glieder,
wenn ih woiß ih ka bald wieder,
'naus en Gottes Feald ond Flur,
ohne Mantel, Huat, ganz pur.

Schneeglöckla ond Palmkätzla,
Wenterleng an manche Plätzla.
'S isch, wiea wenn oir saga dät:
"'S wiead scho wieder, dond no g'schtät."

D' Natur loat sich en nix v'rdränga,
duet mit ihrer Kraft meh brenga,
en reich gedeckta Gabatisch.
So wiea 's jedes Joahr moischt isch.

Wenn jed's Blüemle so meh blüeht,
dass a Freid füer Herz ond G'müet,
ond Balsam pur füer Aug' ond Seel',
vrgisst des koiner au so schneall.

Dr Wenter isch bloß kuz moal dra,
dass au d' Natur moal gruaba ka.
Doch dr Wenter ka gar nia vrheba,
dass au Früehleng wiead meh eaba.

Das Abbrennen von Funkenfeuern ist uralter Brauch und wird in vielen Orten im Schwabenland nach wie vor hochgehalten.

Funkafuir

Alle Joahr, ond so au huir,
geit's em Land meh Funkafuir.
Noa dr Fasnet, Äschramigda,
wo es eaba glei am g'schigda,
wenn d' Leit halbweags meh normal,
brennt's Funkafuir iebrall.

Drüeh am Oabed, moischt ratz fatz,
drifft sich all's am Funkaplatz,
wenn mit Fuirio ond G'schroi,
dr Wenter g'jaicht wiead uss'm Gai.

V'rdrieba wiead so Eis ond Schnee,
dea O'muas will doa koiner meh.
"Schleich de Wenter, gang, adee,
all's isch bloß a Weile schee."
Kender senget, danzet Roiga,
wend ihr Freid d'mit all zoiga.

Funka-Küechla, Glüehwei-Duft,
samt dr gueta Broatwuscht-Luft,
schteiget jedem glei in d' Nes.
Funkazeit isch ebbes Schees.

Luschtig, fröhlich manches G'müet,
weil ma woiß dass Früehling wiead.
A Lacha schallet ´naus en d' Nacht,
bis 's Fuir aus, all's zemakracht.

Doch vorher sieht ma zemadraga,
Buaba, toils mit Loiterwaga,
Holz vom Wald, moal kuz moal länger,
Reis ond Schtroh, mit Buldogg, Hänger,
all's was brennt ond geit a Gluet,
bis ma z'letzscht no Häs ond Huet,
füer a Hex, diea an ra Schtanga,
schliaßlich duet am Galga hanga,
mittla denn em Scheiterhaufa,
schicksalsdrächtig duet ma schtroafa,
als Symbol-Figur vom Ganza,
bis se d' Leit sieht om sich danza,
mit Juchee ond mit viel G'schroi,

ond dr Höhepunkt setzt ei,
wo es goaht om's Scheiba-Schiaßa,
wo ma duet sei Liabschaft grüeßa,
schreit sei große Freid en d' Nacht,
hofft, au wenn vielleicht bloß sacht,
dass des Glick, wiea moischt zuavor,
eahm bleibt trei em ganza Joahr.
Alle Dag ond alle Schtond,
ond dass 's Leaba hald lauft rond.

Es ist uralter Brauch mit einem reich geschmückten Baum den Monat Mai und die Kraft der Natur zu begrüßen.

Maibaum

Es isch Brauch, ond lang scho Sitte,
dass en manch Dörfle en dr Mitte,
schtoaht oimoal em Joahr a Baum,
selbschtbewusst, ma glaubt es kaum.
Der d' Leit grüeßt, so frank ond frei,
scho morgens früeh am 1. Moi.

Wenn 'r d' Freinacht iebrschtanda,
wo 'r kommt au moal zuaschanda,
schtoaht'r so moischt ohne Klag',
bis nägschdens an Johanni-Dag.

Fascht bolzagrad ond ohne Fähl.
G'schmückt mit Bänder rot ond geal.
Da Wipfl hemmlweats en d' Höh',
prachtvoll all's, ond wondrschea.

Mit Girlanda schtark omwonda.
Kränz, diea viele Händ hand bonda.
Au mit Schnitzwerk reich vrziert,
wiea's deam Baum hald so gebüehrt.

Sinnbild mancher Handwerkszunft,
üebr d' Wiatschaft gend Auskunft.
Ond alles was zua Volkes Wohle,
wiea Kircha- ond Vereinssymbole,
dond deam Betrachter so berichta,
ieber Schtadt- ond Orts- G-schichta.
Ond au it z'letzschd uff jeden Fall,
isch eig'schnitzt no sei Joahreszahl.

Sei Aufdritt so en der Geschtalt,
isch anders wiea vorher em Wald.
Doa war'r zwar mit Freind bei'nand,
doch ohne so am scheane G'wand.

Ieatz schtoaht'r mächtig ond alloi,
aufreacht schtolz en seiner G'moi,
ond will mit seiner Herrlichkeit,
en Hinweis gea an alle Leit,

dass d' Natur ihr Kraft setzt frei.
Wachstum g'heart meh ei em Gai.
Früehleng, Sommer, Boid mit'nand,
ond Ernteseaga mir g'wieß hand.

Ond it bloß füer vrliabte Leit,
fangt meh a a scheane Zeit.
Dr Moi duet sicher jedem dauga,
wiea ma sieht mit wache Auga.

Drom macht's Volk a großes Fäscht,
füer Klei ond Groß, ond viele Gäscht.
Schtimmung, Gaude, Bloas-Musik,
ondrschtreicht des große Glück.

Kulinarisch wearet d' Leit vrfüehrt,
d' Zonga, Mäga, schtark hofiert
mit Eassa, Drenka, Bier ond Wei,
dass nüechtern goaht oft koiner hoi.

Hoffnung, Freid ond Fröhlichkeit,
g'heart so ei bei viele Leit.
Luscht ond Frohsinn send d'bei
em scheana Wonnemonat Moi.

Drom isch dr Monet, wiea dr Baum,
als Glücksbringer it bloß a Draum.
'S Glück bei manchem Moidänzle,
endet oft beim Hochzeits-Kränzle.

So isch der Baum als Glückssymbol,
mit Freida ond mit Wonna,
füer Jong, füer Alt, füer alle wohl,
en jedem Joahr willkomma.

Der Memminger Fischertag ist jährliches Heimatfest

Dr Memminger Fischertag

Ieatz jugget se meh nei en Bach,
ieatz goaht' meh Schlag uff Schlag.
Schwenket d' Bäära hondertfach.
Ausg'schria wiead dr Fischerdag.

Mannsbilder, ond jonge Soicher,
schprenget nei en Nesabach.
Fillet Kiebl, fillet Schpoicher,
ausg'fischt wiead dr ganze Bach.

Es nützt de Fischla koi Vrschteck,
wenn Fischers-Leit gand om.
Hendra duet it Schmotz, it Dreck,
an Kraga goaht's de Fischle drom.

Ond wear Glick hoat mit'm Bäära,
ond sei Fischle ´s reachte G'wicht,
der duet allsbald lauthals heara,
dass'r Fischerkenig ischt.

Ond er sonnet sich em Glanz,
uff'm Platz deam Kenigsthron.
Voller Schtolz ond Eleganz,
om da Hals sein Kenigslohn.

Drait diea schweare Kenigsbürde,
a ganzes Joahr lang mit sich rom.
Bis'm g'nomme meh diea Zierde,
vo Kenigsmörder, diea gand om.

Weil es hoißt meh dausendfach,
uss viele Mäuler uff'n Schlag:
Ieatz jugget se meh nei en Bach!
Z' Memmenga isch Fischerdag!

Wehmut kommt auf, wenn der pralle Sommer zu Ende geht und der Herbst schon naht.

Sommer ade...

Dr Sommer isch grad arg em Zweif'l
ob gauh er, oder bleiba will.
Ih sieh eahm's a deam arma Deif'l,
hau drfüer a weng a G'füehl.

Scho hirbschtelets in Berg ond Dal,
wear will, ka's leicht entdecka.
Mir kommt's so vor uff jeden Fall,
an dr Luft ka ih des schmecka.

Doch wear wiead sich irgra lau,
dr Hirbscht hoat viel zom biata.
Lueg d' Nadur vo geal bis brau,
Farbaschpiel kaum zom vrschtauh,
a Schand, dät's wear vrhiata.

Die Allgäuer Alpen im Sommer und Winter.

Alpweachsel

Dr Sommer druckt vom Berg en's Dal,
als wear's eahm enn'rer Zwang.
Em Allgai dob uff jeden Fall,
wo d' Viehschoid längscht em Gang.

Doch wenn's Vieh meh d' Alp vrloat
noach dauret's nomma lang,

dass a Pischta-Sau am Berg omgoaht,
bei Eis ond Schnee am Hang.

War au dr Sommer Müeh ond Lascht,
dr Berg kommt it zur Ruah,
weil ieatz dr Wenter brengt en Gascht
der eahm setzt g'hearig zua.

Soll Eis ond Schnee ond Wenter dauga
zur Erholung der Natur,
send Schnee-Kanona, Pischta-Raupa,
a Fluach gwieß dur ond dur.

Der ganze Reichtum der Natur wird gewürdigt im Brauchtum des Erntedankfestes.

Erntedank

Dank, oh Herr, ond lass di loba.
Dank füer Reichtum der Natur.
Dank an alle Kraft vo oba.
Dank an Feald, an Wald, ond Flur.

Dank füer reichen Ernteseaga.
Dank an fleißig Bauraschtand.
Dank an Sonne ond an Reaga.
Dank für dieses reiche Land.

Dank, ihr Leit, diea ihr begreifa,
dass so reich gedeckter Disch,
pures Glück, wiea es duet deicha,
doch it selbschtvrschtändlich isch.

Dank an all, diea so vrmeassa,
d' Umwealt als a teires Guet,
pfleaget ond dond it vrgeassa,
dass mir leabet vo ihr guet.

Dank sag ih, ond will dra denka,
an diea o'sichtbare Kraft,
diea vo oba all's duet lenka,
all's was eis so glücklich macht.

Manch Feldkreuz steht ziemlich unbeachtet in der Natur. Der Mensch geht achtlos dran vorbei.

A Fealdkreiz

Duss em Feald, am Wiesaroi
omrahmt vo Schtrauch ond Beim,
a Kreiz vrlassa ond alloi.
Es soll a Denkmoal sei.

Achtlos goaht ma dra vrbei,
macht sich it viel Gedanka,
als ob all's normal scho sei.
A Waxtom ohne Schranka.

´s wear joa scho Gedanka weart,
mit Blick uff Feald ond Flur.
Wear earnta loat ond eis ernährt,
em Ei'klang der Natur.

Wear eis deckt so reich da Disch,
alltäglich, ond ´s ganz Leaba.
Vrantwortlich füer alles isch,
wo dr Mensch so klei drneaba.

A paar Gedanka, a Vrweil,
a Schtreißle, a paar Bloma,
wear it z'viel füer soviel Heil.
Des sott ma it vrsoma.

Ond it bloß, wenn's O'glick doa,
des oin duet schtark belaschta.
Freiwillig hald grad a so,
sott jeder doanoach haschda.

Herz ond Gmüet dät freia sich,
ond d' Seel' it gar so depressiv.
´s Leaba heiter, froh an sich,
ond it vrbissa, aggressiv.

Dond diea Fealdkreiz drom beachta,
diea wend vielleicht was saga.
Vrweilet, dond d' Nadur betrachta,
en alle Lebenslaga.

In manchen Schwäbischen Dörfern gibt es sie noch, oder wieder: Mostereien die zur Obstverwertung bereitstehen.

A alte Moschterei

En Schtoihoi, am Rotreiserweag,
Zieglerberg zua, Richtong Oschda,
schtoaht se, zemle alt ond schräg,
diea Hitte, wo d' Leit moschda.

Ussa wenig herrschaftlich,
doch enna funktionell,
dass au ´s Obscht wiead ordentlich
vrweartet guet ond schneall.

Ond ´s Obscht will joa vrweartet sei
vo manchem Baum ond Schtrauch,
kommt's it scho vor en Maga nei,
so isch em Land dr Brauch.

Woiß ma doch, dass jeder schätzt,
weil Moschd duet g'sond oin halta.
Koiner wohl der andres schwätzt,
drom Moschterei bleib eis erhalta.

Mosterei in Memmingen-Steinheim in der im Herbst zur Obst-Saison die Presse zur Most- und Apfelsafterzeugung nicht mehr still steht.

Herbstzeit ist Erntezeit, aber auch schon wieder Vorbote des Winters. Die Sonne und die Vegetation ziehen sich langsam zurück zur Ruhe und machen dem Winter Platz.

Herbscht

D' Nacht kriat Macht meh üebern Dag,
ond wiead all lang ond länger.
Scho schneid't mancher duss sei'n Hag
au moal mit klamme Fenger.

Nasskalt, neablig, scho moal 's Land,
schwer hoat 's ieatz oft d' Sonna.
Duss leit 's Laub scho wild bei'nand,
des Baum ond Schtrauch vrdronna.

Kraftlos, schlaff isch ieatz d' Natur.
Z'ruck ziaht sich dr Sommer eaba.
Vo Abschied doa ond dett a Schpur.
Vrbei manch' pralles Leaba.

Au wear reich beschenkt isch woara,
vo Sommer, Sonne ond Natur,
denkt mit Wehmuat doch an moara:
Was brengt wohl 's nägschde Joahr?

Wiead vor d' Kraft d' Natur meh schtrotza?
Oder gar dr Dod om eis schmarotza?
Doch alles kommt wiea 's Schicksal will.
Füeg di drei, ond froag it viel.

Koi Glück isch selbschtvrschtändlich.
Füer Nix haot ma a Garantie.
Wiea alles wiead letzschdendlich,
woisch weder du no ih.

Eine der bekanntesten Veranstaltungen im Jahreskreis der Mau-Stadt Memmingen ist der Jahrmarkt und ein Besuch für viele Menschen aus Stadt und Land ein Muß.

Memmenger Joahrmarkt

Es geit a Fäscht em Joahreskreis
was d' Mau-Schtadt richtet aus,
des beliebt bei Kend ond Greis,
ond koi Mensch loat geara aus.

D' Zeita, ob se guet, ob schleacht,
ob Aufschtieg, ob V'rfall.
D' Däg ob küehl, it mender d' Nächt,
ob's hirbschtelet scho all,
dr Joahrmarkt loat sich it v'rheba.
Dr Joahrmarkt hoat sei Oigaleaba.

'S Feadervieh au, wiea's isch Regel,
wenn's zom Abflug sammlet sich,
südlich ziaht mit Kend ond Kegel,
en dr Wirme ei'richt sich,
dr Joahrmarkt bleibt, so isch's eaba.
Dr Joahrmarkt hoat sei Oigaleaba.

Koi Schicksal ka v'rhendra d' Freid,
wenn 's Schtädtle schickt sich a,
werklet, plant ond isch bereit,
ond kündet eis da Joahrmarkt a.

Oh wiea isch willkomma d' Zeit,
wiea fangt's zom gribbla a.
Luscht vrschpiert a müeder Leib,
weil Joahrmarkt eaba jeder ma.

Dr Weschtertorplatz putzt se raus
wiea Disneyland samt Prater.
Rommelplatz mit Saus ond Braus,
iebrall mit lautem G'schnader.

Karussella drehet sich um d' Wett',
samt Riesarad ond Goischterbah'.
D' Nesa schnaufet hoißes Fett
vo Curry-, Broat-Wuscht alle Da.

Musik klengt uss Raum ond Ecka,
laut ond leise, mies ond besser.
Manches dät oin wohl erschreacka,
wear d' Neigier seall it greaßer.

Vo'r Josefskirch zom Rossmarkt na,
Schtand an Schtand ond Buda.
Am Krämermarkt gar, lass dr sa,
kasch bis zom Schmiedplatz luaga.

Schiaßschtänd, so wiea Auto-Scooter,
Gockeler-Broatareia.
Lacha, huaschda, lautes G'schnuder,
viel süeße Leckereia.

Zuckerwatte, Hosaknöpf,
Rasierklenga ond Bilder.
Onderwäsch ond alte Zöpf,
Arzneia, Büecher, Schilder.

Mohraköpf ond Bäradreck,
Perüecka, falsches Hoar,
Zeahanägel, Hosafleack,
Briaf vom letzschda Joahr.

Dr billig Jakob, Pfeifles-Ma,
buhlet om dei Gunscht.
Ond vieles meh no biat ma a,
Billig-Gruscht, ond Kunscht.

A ausgebuffter Blomahändler,
a Scheraschleifers-Ma.
Zwischadure au a Schwendler,
rasiert manch Kunde a.

Alles was ma denka ka,
Guetes ond viel Glomp.
Füer Reiche ond füer Arme was,
wiea füer da gröschda Lomp.

Sonderpreis, en ganza Haufa,
ond vieles meh d'zua.
Leit dond luega, prüefa, kaufa,
's geit füer jeden g'nua.

Oi Wonsch aber bleibt all offa:
A Bierzealt mit Musik!
Öfter ond au lang v'rschprocha
fehlt füer's große Glick.

'S wear joa it bloß Sitte, Brauch,
's g'heart zom Joahrmarkt-Leaba.
Freid a weng füer Gauma, Bauch,
wear it so schleacht hald eaba.

Drom ihr Herra land ui saga:
A Bier-Zealt käm eis g'leaga.
Koi Duscht ond au koi Maga
hett doa wohl was d'gega.

Typisch für die Jahreszeit im Herbst sind die sogenannten Herbstwinde.

Dr Wend

Dr Wend, er bloast om alle Ecka,
kräftig, ond ganz schtirmisch wild.
'S Laub vo meiner Buachahecka
wirbelt 's hoch. A schaurig's Bild.

D' Vögl dond da G'sang ei'schtella,
send uff oimoal schtill ond ruig.
Watet ruig an sich'rer Schtella,
wondert sich an all deam Zuig.

Dr Hemml grau, em fahla Liacht.
A Blitz zuckt wild dur d' Wolka.
A Donnerschlag ond Reaga riacht.
Schleacht-Weatter duet druff folga.

Vielleicht gar no mit Hag'lschlag,
ond schrecklich schlemme Folga.
So wiead a Dag zom O'glicksdag.
Wiea schea send weiße Wolka.

Windgeräusche als einzige Laute sind unerträglich.

A eiskalter Wend

A eiskalter Wend
weht om's Haus doahoi,
uff dr Ofabank hend,
a alter Mensch alloi.

Mit Gedanka em Grend,
wiea alles kennt sei,
ond wiea d' Zeita so send,
wenn ma alt ond alloi.

Nia meh en Zuaschpruch,
nia meh a Freid,
all's kalt wiea a Schtoibruch,
so schterbet doch d' Leit.

Bald wiead's soweit sei,
dass aus ond vrbei,
so wiead's wohl komma.
Lang leabt ma so nomma.

Ma dät viel drom gea,
wenn's anders kennt sei.
Wiea früeher so schea,
was ieatz hald vrbei.

Doa war alles scheaner,
wiea all's war doahoi,
Familie ond Kender.
'S wiead nia meh so sei.

Wenn bisch alt ond alloi,
dei Freind bloß dr Wend,
will d' Seel' au bald hoi,
schpüersch scho dei End.

´s Schicksal ond `s Leaba,
wenn's isch moal soweit,
beschissa oft eaba
en heitiger Zeit.

Advent, die Zeit der Stille und Vorfreude und der Vorbereitung auf Weihnachten.

Advent

´s Joahr, wenn's bald em End zua goaht
Dezember em Kalender schtoaht
D' Nadur scho gruabet vor sich na
Scho hia ond da fangt's schneia a
Dr Dag längscht kizer isch wiea d' Nacht
A warma Schtuba Freid oim macht
Wenn doa ond dett a Zweig, a Kranz
Brengt Abweachslong em Liachtrglanz
Ond dra a earschtes Kezle brennt
Noach woiß jeder: ´s isch Advent.

Wenn Leabzealta mit Mandla, Nussa
Iebrall siehsch, henn ond dussa
Wenn Brötla scho ond Schprengerla
Ond all diea süeße Dengerla
Manch' Hausfrau voller Freid meh macht
Dass oim ´s Herz em Leib denn lacht
Wenn kommt au no en manches Haus
Dr Ruprecht ond Sankt Nikolaus
Wo d'bei manch Kend mueß bläära
Wenn'r uss sei'm Buach loat heara
Weil doa alles g'schrieba schtoaht
Was so a Kend vrbozget hoat
Wenn es drotzdeam G'schenkle geit
Weil's Brauch ond Sitte bei de Leit
Ond brennt's Kezle Nommer Zwoi
Isch scho dr halb Advent vrbei.

Wenn’s a Schtemmong geit em Land
Diea kaum vrschtoahsch mit dei’m Vrschtand
Wenn Weihnachtsmärkt sich broitet aus
Liachtrglanz schmückt manches Haus
Wenn d’ Werbong dir geit zom vrschtauh
Was kaufa muesch ond sottesch hau
Wenn Zuckerwatte, Glüehweiduft
Broatwuschtg’schmack leit en dr Luft
Wenn Weihnachtsmusig hearsch am Ohr
Ond du schtellsch dir langsam vor
Dass bald alles isch so weit
Ond ´s Chrischtkind en dr Wiage leit
Ond wenn a weit’res Kezle brennt
Noach isch scho dr dritt Advent.

Wenn große Leit, ond kleine Kender
´s letzschd Düerle am Adventskalender
Machet auf mit große Auga
Mit Hoffnong ond mit viele Froaga
A Chrischtbaum en dr Schtuba schtoaht
Dean früeher mancher g’schtohla hoat
Wenn en dr Kirch all’s vorbereitet
D’ Leit zur hoiliga Nacht scho schreitet
Wenn ma woiß ond schpüert genau
´s Chrischtkend kommt ond isch bald doa
A Freid, a G’füehl, des jeder kennt
Noach isch scho dr viert Advent.

Ond diea schtille Zeit, wiea es sott sei
Isch it grad lautlos bald vrbei.

Für viele Menschen ist ein Christbaum das wichtigste Symbol für Weihnachten

Christbaum

En dr Schtuba schtoaht a Baum,
wiea's zur Weihnachtszeit dr Brauch.
Vollbehanga Äscht ond Zweigla,
vo dr Schpitze bis zom Bauch.

Chrischtbaumkugla funkla, glänza,
Schtrohschteara ond Engelshoar.
Kezla flackret ond a Ränzle
am Buckl dob vom Kripple-Mohr.

Ondrem Chrischtbaum leit a Päckle
wohl vom Chrischtkendle a G'schenk.
Uss dr Schachtel duftet G'schmäckle,
füer diea Liabschde wohl, ih denk.

Ondrem Chrischtbaum leit a Säckle,
vom Kneacht Ruprecht wohl, ih denk
mit ra Ruet füer Schläg uff's Fräckle,
weam au wohl g'hearet dieses G'schenk?

En dr Schtuba dieser Chrischtbaum
der zur Weihnachtszeit eis freit,
isch seit Kendheitsdag a Draum,
ond ohne wear's koi Weihnachtszeit.

Die kalte Jahreszeit ist nicht bei allen so beliebt

Winter

A Lehrer froaget d' Schüeler-Kendr:
Was wisset ihr wohl iebern Wentr?
Dr vorlaut Hanne schtreckt ond sait:
Doa drait d' Nadur ihr weißes Kloid.

´s geit Eis ond Schnee em ganza Land
ond d' Schneeplüeg fahret omanand.
Ond Leit sieht ma en ganza Haufa
diea Literweis oft Glüehwei saufa.

Doa sait dr Lehrer: Oh mei Bua,
sonscht fellt'r doa nix ei d'zua?
Doa sait dr Hanne: Mei, oh mei,
em Wenter g'friert au ´s Hira ei.

Wintersonne und Raureif an der Iller bei Arlach/Tannheim

Die Wünsche an das Jahr zum Beginn seiner Laufzeit sind vielfältig. Ob sie immer eintreffen fraglich.

Dr Joahreslauf

´s nuie Joahr schtoaht grüebig auf,
schtreckt se ond fangt a sein Lauf.
Schreit voller Freid au no: Juchee!
´s Leaba isch doch wond'rschee.

D' Freid hebt zwar it gar so lang,
´s Schicksal ziaht d'bei am Schtrang.
D' Zeit isch hald it emmer guet,
drom braucht's Joahr en gueta Muet.

D' Wealt isch heit joa wia vrruckt,
des woiß a jeder lang.
Manches lauft oft schiaf ond druckt,
dass wiead oft oi bang.

D' Moral diea bleibt moal wieder z'ruck,
dr A'schtand glei drneaba,
ond mit dr Zeit wiead alles lugg,
doch so isch hald moal ´s Leaba.

Dr Mensch isch doabei zemle schtur,
dr jed' will viel erleaba.
Früehleng, Sommer, schtark ond pur,
wiea Herbscht ond Wenter eaba.

D' Wiatschaft au, ond d' Politik,
ond au des geischtig Leaba.
Moral ond Ethik, ´s große Glick,
all's lauft a weng vrweaga.

Oschtra, Pfengschta, Hemm'lfahrt,
Krankheit, Leid ond Sorga.
´s bleibt em Joahr nia nix erschpart,
it Schterba heit' ond morga.

Doch wenn ´s kommt zom gueta End
mit G'neischda ond mit Schtöhna,
weil's mittlerweile d' Zeit hald kennt,
loat sich's zom Abschied kröna.

Sylveschter, wenn am Joahresschluss,
des alte Joahr duet freia,
noach ganz g'wieß, weil viel Vrdruss
d' Leit em Joahr vrzeiha.

Ond mit Vrlaub, so schleacht war's it,
was mi d'bei bedroffa.
Wenn's Nuie so wia's Alt em Schnitt,
wear's füer mi guet gloffa.

Drom wend mir Vorschuss-Lorbeer gea,
dass ´s „Nui'" au draut sich was.
´s greascht Feierwerk a'brenna meh,
weil ´s g'heart zom Ernscht au Schpass.

´s nuie Joahr hoißt's zom begrüeßa,
des wiea d' O'schuld fleackalos,
ond des mir guet behandla müessa,
wenn noach goaht dr Alldag los.

Mancher empfindet sein Leben manchmal als unerträglich

Oh Menschle

Menschle, du muesch viel erdraga,
von Geburt bis an dein Dod.
Ohne, dass du dearfsch vrzaga,
ohne, dass wear heart dei Klaga.
´s Leaba isch a hartes Brot.

Menschle due it iebrlega,
ob dei Schicksal geg' di schtoaht.
Vrzweifle doch it doa drweaga,
due diea scheane Schtonda pfleaga,
au wenn om di siehsch bloß Not.

Pack dei Leaba so wiea's isch,
´s geit koi andres, muesch's waga.
Pack ond leab es, so wiea's isch,
sei it gar so wählerisch,
bis ´s letzschd Schtendle gschlaga.

Ein Sterbender will vor seinem Tod oft sein Gewissen erleichtern und beichten. In diesem Fall jedoch nicht vor dem Pfarrer, sondern vor seiner Ehefrau.

Zom Abschied

Dr Joggl leit em Schterbebett
ond will no Abschied neahma.
Duet d'bei bei diesem G'frett,
sich seiner Senda schäma.

Er will mit sich em Reina sei,
er draut deam Frieda it,
dass'r kommt en Hemml ´nei,
en's Paradies en Schritt.

Will sei Senda drom no schneall,
diea er em Ieberfluss beganga,
los sei, möglichscht uff dr Schtell,
duet drom a Beicht vrlanga.

Bevor'r also juggt en Sarg,
schreit er noach seiner Res.
Sait: Es isch mr zemle arg,
doch sei mr hald it bees.

Ih will dr beichta vor ih gang,
dass ih dir iamoal it ganz treu.
Doch mei, der ennerliche Drang.
´S war it reacht, ih sieh's joa ei.

Seinerzeit, woisch, d' Adelheid,
d' Magd bei eis am Hof.
Se war mir zuadau, wiea ma sait.
Ih woiß, a Kataschtroph!

Ond der Noachwux doa vo ihr,
bekenn ih no d'zua
weil ih eaba so a G'schpüehr,
kennt sei, dass des mei Bua.

Doa pfurret d' Res da Joggl a:
„Wenn's di duet intressiera,
mueß ih dir grad au was sa,
was all's so ka passiera.

Solang du bei dr Adelheid,
war Noachbrs Kneacht bei mir,
ond eiser Bua, des woiß ih heit,
der isch g'wieß it vo dir.

Schicksal eaba, sieh's hald ei!"
sait Sui no schneall d'zua.
Ond: "Denk dr hald it viel d'bei,
breng di it uss dr Ruah."

Dr Joggl aber schrompflet zamm,
duet voller Wuet entdecka:
Vor'm Schterba beichta birgt en Gram,
dass kenntesch glatt vrrecka.

Ein Leben geht zu Ende, ein Freund verlässt die Welt.
Manchmal unerwartet und ohne jeden Abschiedsgruß.

Dr vrlorene Freind

Heit hau ih en Freind vrlora,
drom be ih draurig ieatz.
Er fehlt mir heit ond moara.
So denk ih bereits ieatz.

Vrloat grad z'moal sei Hoimet,
leit duss am Friedhof heit,
wenn seine Freind au moinet:
'S wear lang noit an dr Zeit.

Abschied, ond a letzschdr Gruaß,
es war eahm it vrgönnt.
Wenn oiner schterba, ganga muaß,
goaht 's eaba oft au g'schwend.

Ih will it joamra, ond it maula,
bloß a weng bruddla vor mi na.
Vor ma duet em Grab vrfaula,
sott ma hald Pfüe Gott no sa.

So due ih hald a weng senniera.
Due denka a weng üeberhaupt.
Lass alle Zeit Revue passiera,
ond hoff, mir isch 's erlaubt.

Woarom grad eaba heit ond ieatz,
froag ih, ond sag zua eahm:
Siach elender, Erdafetz!
Schwätz! Sei it bequem!

Ganz ohne 's kleinschde Wort,
loasch du mi so alloi.
Liaber Freind, sag mir sofort,
dass di des ruit au fei.

Ih woiß, es goaht dr Oi ond Andr,
scho amoal vo deara Wealt,
ohne dass ma schwätzt mit'nander,
au wenn 's it passt ond g'fellt.

Schicksal isch hald 's ganze Leaba,
ond flichtig wiea a Blatt em Wend.
Leab 's wiea 's kommt drom eaba,
ond füeg de drei am End.

Unfreiwilliger Humor bei einer ernsten Sache

Leichaschmaus

Dr Opa isch em Schterba g'leaga,
hoat heit kriat da letzschda Seaga.
Ond weil d' Familie grad bei'nand,
hoat ma ´s Leichaschmoahl no plant.

Dr Vatter moit: Zom Leichaschmaus
goaht ma hald en „Adler" ´naus,
doa geit's, sait en mir a G'schpüer,
doa em Gai wohl `s beschde Bier.

D' Muetter sait: En „Adler" ´naus,
mit meine Füeß, halt ih it aus.
En d' „Krona" gammer, dass ih wett,
diea isch glei neabrem Friedhof dett.

En d',,Krona" doa brengsch mi it nei,
diea isch füer so viel Leit au z'klei.
Mir gand en „Adler" sag ih dir,
scho weags deam gueta Woiza-Bier.

Du woisch, dass ih zom „Adler" na
mit meine Füeß it laufa ka.
Drom kasch da „Adler" glei vrgeassa.
Ih bschtell en dr „Krone" ´s Eassa.

Doa reißt dr Schterbende sich zam:
„Ih dät sa, gand hald en's Lamm.
´S isch zwischadenn ond it vrkehrt,
ond au ganz guet, wia ma so hört."

„Ieatz mischt sich der doa au no ei,“
sait narred noach dr Vatter glei.
„Moisch vielleicht mir gand zua Dritt
du goahsch, wiea ih woiß, doch it mit.“

Geburtstage sind Ehrentage und werden, je nach Einstellung des Betroffenen, meist auch ausgiebig gefeiert.

Geburtstagsgruaß

Ih wünsch dir zom Geburtstag
alles Guete ond viel Glick.
Dass aufschtauh kasch all Dag,
ond dei Konto isch au dick.

Au, dass du emmr z'frieda bisch,
egal, was au no kommt.
Was zom eassa hoasch am Disch,
ond, dass jed's O'glick di vrschont.

Dass dei G'müet isch luschtig froh,
dass ausgeglicha bisch,
wenn's Leaba isch au hart ond roh,
bleib a Mensch, grad so wiea bisch.

Dass ma di au ma ond schätzt,
was au emmer duesch am End.
Guet bloß ieber di au schwätzt.
Egal, ob Ma, ob Frau, ob Kend.

Dass au dei Liabschaft jederzeit,
ob Jong, ob Alt, ob Ma, ob Frau,

dei Herz ond au dei G'müet erfreit.
Des wünsch ih dir vo Herza au.

Dass deine Freind, ond andre Leit,
di niamoals land em Schtich,
ond dass it jeder, wiea's oft geit,
am End bloß denkt an sich.

Dass du erfolgreich em Beruaf,
sofern no schaffa muesch,
ond, dass di üebr jeden B'suach
hald au no herzlich freia duesch.

Dass au koi Politik es schafft,
it rot, it gelb, it schwaz, it grea,
dass ma dir dei G'müetsruah rafft.
Wünsch ih, ond hett's geara g'seah.

Ond dass du di it aufregsch glei,
iebr jedes Deng, was hald so geit.
Ond iebrhaupt so manches G'schroi,
it so earnscht neahmsch vo de Leit.

Dass bei ma Schtreit gelassa bleibsch,
ond denka kasch: "Leck mi am Arsch".
Au seall d' Leit it uff d' Palme dreibsch,
ond au zua Koim bisch ganz so barsch.

Dass au it jedes kleine Zipperlein,
des hald moal kommt so mit dr Zeit,
vrgeassa macht manch Sonnaschein,
ond am Leaba neahmt dir d' Freid.

Dass g'sond bleibsch ond au montr,
ond vieles andre au no sonscht.

Schpäter it en d' Höll muesch nondr,
ond eaba glei en Hemm'l kommscht.

Des wünsch ih dir vo ganzem Herza,
weil ih di hald so geara ma.
Drom lass omarma di ond herza,
weil ih moi's ehrlich, was ih sa.

Sogenannte runde Geburtstage sind etwas ganz Besonderes und werden auch besonders gefeiert.

A ronder Geburtstag

Einleitung:

Liabe Leit erlaubet mir,
dass ih deam Jubilar,
heit mit Versle gratulier,
wiea's emmer Brauch scho war.

Gedicht:

Dr allerscheaschde Dag em Joahr,
drotz Weihnacht, Oschdra, Nikolaus,
isch der Dag, so kommt's mir vor,
wo a Geburtsdag schtoaht en's Haus.

Wo ma dau da earschda Schroi.
Dur earschde Blärer geit bekannt:
"Ih lass mi mit dr Wealt ieatz ei,
ond g'hear zom Vatt'rland."

Der Dag, des isch a bsondrer Dag.
Zom Ehradag erkora.
Geburtsdag, ohne Weh ond Klag,
der Dag wo ma geboara.

Geburtsdag feira mueß drom sei,
doa lass ih gar it lugg,
weil am Geburtsdag siehsch oft ei,
wiea d' Zeit sich weiter dreht a Schtuck.

Doch a Geburtsdag bsondrer Art,
liiert sich mit ra Null,
weil so dr Dag earschd rond, apart.
D' Jugend sait wohl: "Cool".

A Null, ond isch se no so schea,
egal ob eckig, rond, oval,
sealta zwar was B'sondres gwea.
Ihr Bedeitong oft banal.

A Null isch nix ond it viel weat,
schtoaht sie alloi em Leaba.
Kriat earscht ihren Schtellaweat
am reada Platz moal eaba.

Schicksal schpielet d' Nulla geara,
uff manche Schtationa.
Uff Konto-Auszieg, ka ma heara,
ka sich a Null au lohna.

Beim Alter isch uss meiner Sicht,
a Null moischt A'sichtsach.
Geit em Leaba oft earschd G'sicht,
bevor 's goaht na da Bach.

A Null, wenn hängt sich an a Zahl,
dass kriat se noach Kontura,
vrändert schtark au 's Leaba moal,
hearsch iamoal Leit au pfurra.

Bei'r Geburt ka d' Null noit prahla,
als a unbeschrieb'nes Blatt.
Isch nix alloi fascht, ohne Zahla,
a Null bloß eaba, müed ond matt.

Doch hängt a Null an Oiser sich,
ond begleitet 's jonge Leaba,
aufwärts goaht es, Gott vrschprich,
en d' Wealt nei duet ma schtreaba.

A Null diea sich an Zwoier hängt,
diea deitet noach scho a,
dass en's Erwaxa sei ma drängt,
ond 's Leaba leaba ma.

Volljährig mit Reacht ond Pflichta,
doch sorglos ond voll Üebrmuat.
Sott'sch ab doa all's sealber richda,
wenn dir au noit passt der Huat.

A Null diea sich en Dreier suacht,
ond hängt sich doa dra auf,
Mancher sieht ond sait: "Vrfluacht,
's goaht langsam guet bergauf."

Denkt an's Heira, Frau ond Kend,
ond ka vor Kraft kaum schtauh,
ond wiea ma meh vrdeana kennt,
ond wiea 's wiead weiter gauh.

Loat d' Null sich mit'm Vierer ei,
duet sich mit eahm vrbandla,
ka's vielleicht scho iamoal sei,
dass duet d' Figur sich wandla.

Bisch nomma jong, doch au noit alt,
ond gwieß no voller Saft ond Kraft.
Doch Halbzeit iamoal au scho hald
vrbei, ond 's moischt scho g'schafft.

'S geit zwar no ganz viele Sacha,
was du so hoasch em Hira.
Au iebr Schtress kasch oft no lacha,
ond all's no guet kaschiera.

A Feifer, wenn schtoaht bei dr Null,
oh mei, noach goaht's bald los.
Zwar knuschprig no, koi alte Schrull,
doch nomma faltalos.

Zwickt ond zwackt au scho an Schtella,
ond d' Jugend wiead scho lugg,
ond viel was hoasch no macha wella,
machsch bloß no onder Druck.

Loinet d' Null an Sechser na,
wend oine scho beweisa,
ond dir om sieba Ecka sa,
dass g'hearsch zom alta Eisa.

D' Firma, wo du lange Joahr
mit vollem Ei'satz warsch d'bei,
reachnet o'scheniert dir vor,
dass d' Zeit langsam v'rbei.

Learna sollesch ond vrschtauh,
ob witt du, oder it.
Sollesch bald en d' Rente gauh,
obwohl no g'sond ond fit.

Sieht ma d' Null beim Semner schtauh,
denkt ma oft vrbissa:
"Doa sott ma d' Null ieatz schtanda lau,
sonscht hoasch bald ganz vrschissa."

Siebazg, wear erreicht em Leaba,
der kennt d' Wealt so wiea se isch.
Guet, ond schleachte Zeita eaba,
ond dass all's vrgänglich isch.

'S Leaba, wenn bisch guet bei'nand,
kasch zwar no voll genießa,
ond wenn mitmacht dei V'rschtand,
sott di no nix vrdrießa.

Du kennsch all Döktr zwar em Gai,
schlucksch Dröpfla ond Tabletta.
Au mit viel Sex moischt all's v'rbei,
doa kennt ih fascht druff wetta.

Brauchsch Lupa, oder Brillagläser,
moischt zom Zeitong leasa.
Falsche Zäh' au, dass kasch besser,
dei Frühschtücks-Müsli eassa.

'S Radio schtellsch iamoal lauter,
weil d' Ohra zemle mies ond mau,
dass au senga hearsch diea Krauter,
ond manch Schmarra au vrschtauh.

D' Jugend macht dr au oft Sorga,
weil sealta lauft all's wiea du witt.
Sie denkt z'wenig oft an morga,
ond macht unbedarfte Schritt.

Doch wenn all's andre isch o.k.,
dei G'schpusi fit isch obadrei,
isch 's Leaba au no wondrschea,
ond 's kennt joa alles mender sei.

Genieß also, ond due it joamra.
Alles hoat hald au sein Preis.
Wer it duschda mueß, it hongra,
soll doch z'frieda sei ond leis.

Dankbar sei, wear drom ganz guet.
Nix isch selbschtvrschtändlich.
Diea Tugend isch koi alter Huet,
macht glicklich au letzschdendlich.

Suecht d' Null bei dir au no diea Acht,
muesch langsam iebrlega:
Hau alles was ih mueß au gmacht,
oder schtoaht no was d'gega?

Weil iamoal ka 's am End joa sei,
weil 's Schicksal duet all's lenka,
dass 's letzschdemoal a Null d'bei,
au wenn dr des dät schtenka.

Wenn d' Null au no da Neiner fendt,
due di bloß it beschweara,
wenn no hoasch dein wacha Grend,
leabsch sicher doch no geara.

Hoffa muesch bloß alle Da,
dass hoat dr Schtaat a Geald,
ond dei Rente zahla ka,
dass dr 's Leaba au no gfellt.

A Oiser mit ra Doppel-Null,
wenn schtoaht am End gar a,
noach wear ma zwar a alta Dull,
egal ob Weib, ob Ma,

doch g'heart ma au ab deara Zeit,
eaba zua de g'schtand'ne Leit.
Zur Alters-Prominenz am Ort,
obwohl ma doavo garnix hoat.

Bleib d'bei, wenn 's goaht, gelassa.
Leab dei Leaba, bleib uff Droaht.
Du kasch uff 's Schicksal di vrlassa.
Dass jeder oimoal hoiwearts goaht.

Zusatz:

Ausnahma geit's, ond send erlaubt,
ond wear mir des ieatz gar it glaubt,
soll luega beim Geburtsdagskend,
ob diea Ausnahm doa it schtemmt.

Die Rose, Königin der Blumen, ist immer ein schönes Geschenk

Wer ein hohes Alter erreicht, erlebt häufig auch alle Unannehmlichkeiten die das Alter so mit sich bringt.

Wear will soll Hondert weara?

A jeder Mensch, ka ma oft heara,
well so alt wiea möglich weara.
Doch ´s Alter, woiß ma au genau,
macht oim oft zom schaffa au.

Alt ond g'sond, ka ma drom heara,
däb sich „beißa“ iamoal geara.
Ond manch erwünschte Altersgier
brengt manch Zipperlein als Zier.

So a Glatze dob am Grend,
entzond'ne Auga, wiea ma kennt,
koin oig'na Zah' meh denn em Maul,
heara duesch it was ma soll,

's Gedächtnis, mei wiea soll ih saga,
nomma des, ganz ohne z'froaga,
ond dr Kreislauf earscht ond 's Herz,
bei jeder Hetz a weng en Schmerz.

Ond au no der g'schtearte Maga,
manchmoal fascht it zom ertraga,
ond d'zue entzond'ne Därm,
hurgla duet's ond macht en Lärm.

Wasser lau wiea einscht em Mai
diea Zeit isch au scho längscht vrbei.
Drenksch Alkohol packt's d' Leaber it,
dr Blenddarm macht au nomma mit.
Kaum bisch auf, bisch au scho müed,
ond bloß Tabletta, 's alte Liad.

Iamoal duet de 's Rheima bloaga,
au Hämorhoida-Schmerz it g'loga,
Sex isch lang a Fremdwort scho.
Was witt also em Alter no?

Des alles schlaucht dei Seelahoil,
drom biatet mancher 's Leaba foil.
Drotzdeam wend so oine schtreaba
noach ma hondertjähr'ga Leaba.

Ma kenn des au scho bald erlanga,
hearsch, ond 's duet de zemle blanga.
Wer will des scho, ih kennt grad blära.
Ih will g'wieß it Hondert weara.

Wass witt mit so was heit au prahla?
Koi Krankakass will so lang zahla,
wenn jeden Dag, bis so weit isch,

jed's Zipperlein dei Oiga isch.
Ond sealber uss dr oig'na Dasch,
vrmasch oft it. Leck mi am Asch!

Ond was passiert mit deiner Rente?
Dr Schtaat isch zemle pleite, fende.
Diea hand hend ond vorn koi Geald.
Was witt drom also uff dr Wealt?

Des Oizig was ma kennt no dua,
vielleicht guet eassa emmerzua.
Doch was schmeckt dearfsch oft it eassa,
ond was dr guet duet kasch vrgeassa.

Ih wießt scho was mein Maga freit,
doch des war reacht in früehrer Zeit.
Vor jedem Eassa z'earscht a Suppa,
schtatt Dröpfle ond Tabletta schlucka.

Als Vorschpeis au a Dutzend Schneaka
mit Kreitersößle dät guet schmecka.
Vo Fisch ond Krabba so Salätla,
onf füer d' Freid au jonge Mädla.

Vom Ox a Floisch, a weng durwaxa,
ond vo ra Sau en grillda Haxa.
Ond iamoal Bluat- ond Leaberwischt
ond Kesselfloisch was Guetes ischt.

Ond au manches zarte Lendaschtick
vo Sau ond Rend wear mei ganz Glick.
Vom Kalb, wenn's goaht, des Brisle bloß,
doch all's mit Nudla, Kraut ond Soß,
Salat ond Pommfritz, Knödl, G'mües,
ond als Noachdisch ebbes Süeß.

Pallatschinka, vielleicht Eis,
Moussocrem, oder Götterschpeis.
Ih dät mi au gar nia scheniera,
was Flambiertes zom probiera.

Doanoach als Abschluß zur Erbauung,
a guetes Schnäpsle zur Vrdauung.
Ond neabazua, weil 's duet oin reiza,
so drei vier Halbe Bier vom Woiza.
Ond henderher, a weng vrschtohla,
a Mittagschläfle zom erhola.

Vielleicht au no, wenn wachesch auf,
a Obschttort mit viel Sahne drauf,
ond d'zua en Schluck Kaffee.
So wear, moin ih, 's Leaba schea.

Doch doara ka ma oft bloß denka,
ond emmer öfter duet 's oim schtenka.
Heit sollesch oft amoal uff d' Woag,
weil viele z' dick send, gar koi Froag.
Ond Iebrg'wicht, so heart ma heit,
vrkürz moischt 's Leaba vo de Leit.

Ma will dr 's Eassa faschtgar schtreicha.
De oizig Freid, so duet 's de deicha.
Hongra sollesch, Körnla freassa,
Ballaschtschtoff sollesch it vrgeassa.
Drenke sollesch zwoi drei Liter,
koi Wei ond Bier zwar, des isch bitter.

Iamoal kriasch doa fascht en Hass.
So macht 's Leaba doch koin Schpass!
Drom mach ih mir it viel Gedanka,
wia lang ih leab, due eher danka,

wenn es hoißt: Es isch vrbei,
ond ´nauf ih komm en Hemml glei.
Frei mi sicher ond kriag Muet,
wenn 's Leaba sonscht bloß lottret futt.

Gedanken bewegen. Denken bringt Segen.

A Herz, a G'füehl, grad wia a Schtoi

Isch au mei Herz so schwer wiea Schtoi,
weil manches mi duet kränka,
ond be ih au no ganz alloi,
ond hau viel Zeit zom denka,
noach goaht mir vieles dur da Kopf,
des, wenn ih's sag, a alter Zopf.

Doch druckt mi viel an selle Dag,
so dass ih zua mir sealber sag:
Woarom schtroaft mi dr Hemml so,
ih will doch leaba a weng no.

Ond uff amoal, wenn 's ruig ond schtill,
fallt' ih mei Händ, ond hear ond füehl,
denk ond lueg zom Hemm´l ´nauf,
ond beat, ond scho heart 's grüebla auf.

Doa woiß ih noach, dass oiner lenkt,
der mi vrschtoaht ond an mi denkt.
Dass ih it bloß a Halm em Wend,
vrgeassa, wiea so manche send.
Ih woiß, ih be doch it alloi,
ond füehl mi schtark, grad wiea a Schtoi.

Jede Seele sucht Wärme und Geborgenheit.

Wenn d' Seel en Hemm'l will

Wenn Hirbscht ond Wenter isch em Land.
All's sich z'ruck ziaht, d' Vög'l gand.
D' Sonna bloß no schpärlich scheint.
D' Nadur meh gruabet, nix meh keimt.
Wenn Kiarweih aus ond lang vrbei,
ond ´s Vieh ond d' Ernt' vrsorget glei.

Vrbei diea Joahrmärkt send em Land,
wo Jong ond Alt viel Freid dra hand.
Wenn d' Nächt meh länger wiea dr Dag,
ond koiner geara aufschtauh mag,
noach hoat ma oftmoals so a G'füehl,
dass au manch Seel' a Ruah ieatz will.

Wenn kalte Wend om d' Heiser pfeifet.
D' Leit Hüet ond Mäntel ieberschtroifet.
Scho dr Schnee duet earschde Schtüeber,
dass mancher kriat Katarrh ond Fiaber.
Wenn alles sich noach enna kehrt.
Koi Sommerfäscht a Nachtruah schtört.

Wenn alle Schtränd am Wasser leer.
Scho earschde Niklais siehsch ond mehr.
'S Joahr scho bald em End zua goaht.
Ond koiner all's so ganz vrschtoaht,
noach hoat ma oftmoals so a G'füehl,
dass au manch Seel' a Ruah ieatz will.

B'sonders Leit diea krank ond alt.
G'nua vom Leaba hand so hald.
Diea ganz alloi uff deara Wealt.

Diea neahmed hand der zua na hält.
Arm ond schwach em Heim bloß lieget.
Koi A'schproach ond koi Liab it kriaget.

Diea selbscht koi Zeitong kennet leasa,
ond bald vo alle send vrgeassa.
Diea send bloß no füer ebbes offa.
Dond bloß uff ihren Hoigang hoffa,
ond hand doa gar koi o'guet 's G'füehl,
wenn ieatz ihr Seel' en Hemm'l will.

Vielleicht bloß grad no oin Gedanka,
loat se zweifla, vielleicht wanka:
Hau ih em Leaba mi doa onda,
au guet vrhalta ond g'nua g'schonda,
dass, wenn ih schtand am Hemm'lsdor,
koiner sait: wiea kommsch mr vor?
No isch koi Platz füer di doa oba.
Marsch en d' Höll mit dir, du Kloba!

Drom leabet onda mit Bedacht,
dass oba ui wiead 's Dor aufg'macht.
Noach ka ma hau a freidig's G'füehl,
wenn d' Seel' moal 'nauf en Hemm'l will.

Manche machen sich Gedanken wie es wohl sein wird, wenn der Tod sie selbst ereilt. Wie das Begräbnis abläuft, wo die letzte Ruhestätte wohl sein wird. Und wie es wohl weitergeht.

Gedanken an den Tod

Vorbei isch diea Gaude, ond aus isch des G'frett.
'S goaht wohl em End zua, oh Resi, i wett.
D' Zeit isch vorbei, füer Leib ond füer Grend.
Ih schpüer 's ganz deitlich an mei eiskalte Händ.
Mueß ra ieatz vom Laufschteag, ra vo dr Pischta.
Mueß vieles no ordna en Büecher ond Lischta,
denn bis me reacht omlueg, flagg ih en dr Kischta,
wear gschtricha am End uss de Ei'wohnerlischta.

Noach traget 's meh ´naus, beim Leita dr Glocka,
em Sarg, uff da Friedhof, ohne Mantel ond Socka.
Gwieß spüer ih no sachte, als wenn's en mir schpukt,
wenn d' Seel mir zom Abschied s' Händle no druckt.
Diea abfliagt noach oba em Hemmel zua schneall,
wenn se kommt nei, ond it na mueß en d' Höll.

Drweil g'wieß am Grab Leit bläret, oh Graus,
ond wo ih uff ewig kriag letzschten Applaus.
Vor 's me entsorget, en des finschdere Loch,
wo ih ganz gwieß komm alloi nomma hoch.
Ond wo 's me bedecket mit Bloma ond Kränz,
ond schpritzet gweit's Wasser, mit Vehemenz.
Wo kriag ih ganz gwieß au sakrische Angscht,
ond sicher will schreia: "Vrgeasset mi it ganz!"
Bevor's isch vrbei, ond d' Erd' hoat mi wieder.
Vrgeassa mei Sein, ond vrfaulet mei Glieder.

Fazit:

Drom genieß ih mei Leaba, lass mi it vrdrießa,
's wear doch au z'früeh, d' Auga zom schliaßa.
Ond Irger ond Zoara, au O'muas ond Schreack,
schiab ih bei ma Gläsle ganz weit vo mir weg.

Schpreng au it glei, wenn d' Obrigkeit ruaft.
Denk bloß an Guetes, dass dr Dag it vrfluacht.
Lach über mi sealber, so oft 's au bloß goaht.
'S Leaba isch kuz, wohl deam der 's vrschtoaht.

Mit lustigen, nicht ganz ernst gemeinten, Regeln soll ein Bauer nach Ansicht seiner Mitmenschen durch's Jahr gehen

Bauernregeln, Trinksprüche und sonstige Volks-Weisheiten

Schteigt dr Gockl auf die Krähe,
war koi Henn in seiner Nähe.

Isch dr Bauer uff dr Jagd,
leit dr Kneacht oft uff dr Magd.

Schtoaht a Gaus auf einem Bein,
folgt Regen oder Sonnenschein.

Kräht dr Hahn um Mitternacht,
isch'r hald z'früeh aufgewacht.

Schtirbt dr Bauer im Oktober,
braucht'r schpäter koin Pullover.

Verliert der Bauer seine Hose,
war der Gummizug schon lose.

Fängt der Esel an zu bocken,
wiead das Wetter warm und trocken.
Hängt der Schwanz dagegen schlaff,
wiead es sicher wechselhaft.

Schtinkt der Ziegenbock im Mai,
isch April bereits vorbei.

Frisst die Katz Kartoffelbrei
ist die Scheune Mäusefrei.

Kriaget d' Küeh koi guetes Futter,
geit's Margarine anschtatt Butter.

Ist's dem Bauern mal nicht gut
hat er zuviel Korn im Blut.

Sind die Hühner platt wie Teller,
war der Traktor wieder schneller.

Kommt dr Reaga schräg von vorn,
kriat diea Kuah a nasses Horn.

Wenn d'Krotta hocket krottabroit
em Gädle, noach isch Sommerzeit.

Wenn dussa pfeift dr Boierwend,
d'Henna no it lega wend.

Friert's de dur da dickschda Kittl,
hoat di dr Wenter no am Wickl.

Willscht du mal ein Kind verhüten,
nimm Melitta-Filtertüten.

Besser a vrschtonk'ner Käs,
als Rotz am Backa ond dr Näs.

Liaber hau koin Pfennig Geald,
als koi Freid uff deara Wealt.

Alter Wein und junge Weiber
sind die besten Zeitvertreiber

Wenn a Schneack mit ihrem Haus
hia ond da a weng goaht aus,
ond en ihrem Haus es boldret,
isch se ieber's Trottwar schtolpret.

Send an Sankt Pangratius
allaweil no d' Rüeba duss,
ond dr Mosch der hoat en Schtich,
isch füer da Bauer ärgerlich.

Der Storch der auf dem Dache wohnt,
steht lustlos da und stille,
er weiß, dass klappern sich nicht lohnt,
die Bäurin nimmt die Pille.

Zwei Schwiegermütter gingen baden,
in einem See bei Berchtesgaden.
Die eine ist sofort versoffen,
von der andren wollen wir 's hoffen.

Ein Bauer schtand am Scheunentor
und pisste durch die Ritze,
drinnen fiel die Sense um,

und weg war sie die Schpritze.
Ein Stummel blieb ihm noch zum Trost,
darum Prost!

Wenn ein Dichter dichtet Reim,
en dr Wiatschaft insgeheim,
ond dr Alkohol schtimmt heiter,
geit's nix G'scheides, leider.

Über jedes Werk darf geredet und geurteilt werden.

En oig'ner Sach

Hoat ui g'falla, dieses Büechle?
Hoat ui g'falla dieses G'schwätz?
Oder hoat was g'het a G'rüchle?
Hau vrletzt ih Reacht ond G'setz?

Es wear mr arg, des mueß ih saga,
doch alle reacht zua macha Kunscht.
Drom hoff ih doch ihr dond it klaga,
dass it alles war omsonscht.

Mei Wunsch war ui zom ondrhalta,
au wenn's oft it gar so leicht.
Moal gelingt es, moal ziaht's Falta,
moal isch ebbes fad ond seicht.

Doch vielleicht isch mir's gelunga,
a bizle Schpass, a bizle Freid,
Ui, mit meiner Schwäb'scha Zunga,
aufzomschreiba, liabe Leit.

Mundart, vom Autor selbst vorgetragen, bringt den Reiz dieses Genres erst richtig zur Geltung

Lesungen des Autors, Johannes Wiest,
können direkt, oder über Internet,
unter: www.johannes-wiest.de
gebucht werden.

E n d e

Z' gueter Letzschd

ond an der Schtell, no a bizle Werbong schneall:

Außerdem erschienen vom Autor und "Illertal-Poeten" Johannes Wiest

"All's isch em Fluss"
Luschtige G'schichtla in Schwäbischer Mundart
Folge 1 – 96 Seiten

"Schwäbisch, witzig-schpritzig, oifach guat"
Luschtige G'schichtla in Schwäbischer Mundart
Folge 2 – 112 Seiten / ISBN 3-927 003-41-7

"Gott dr Herr ond seine Schwoaba"
Luschtige G'schichtla aus dr Bibel
96 Seiten / ISBN 3-927 003-43-3

"Schwäbische Weihnachtsg'schichtla"
78 Seiten / ISBN 3-927 003-44-1

"Allerhand vom Schwoabaland"
Luschtige G'schichtla in Schwäbischer Mundart
Folge 3 – 96 Seiten / ISBN 3-927 003-45-X

"So isch 's noach au wieder"
Versla in Schwäbischer Mundart
96 Seiten / ISBN 3-927 003-46-8

"Los amoal was ih dr sa"
Versla in Schwäbischer Mundart
96 Seiten / 3-927 003-47-6